"十四五"职业教育国家规划教材

全国职业院校沙盘企业模拟经营大赛指导教材

沙盘企业模拟经营高级指导教程
（新创业者）（第2版）

刘国艳 主编
勾丽华 吕瑶 杨震宇 副主编

清华大学出版社
北京

内 容 简 介

本书从企业经营沙盘模拟实践教学的需求出发，坚持理论与实践相结合，针对在沙盘实训中学生可能遇到的问题进行指导和练习。全书共分为6个模块：认知沙盘模拟企业经营，创办沙盘模拟企业，规范沙盘模拟企业经营，初试经营模拟企业，独立经营模拟企业，培养管理者素质。另外，附录中给出了企业模拟经营中用到的表格等。

本书针对沙盘课程教学，对课堂中的教学流程的把控及教学内容进行重新设计，涵盖了物理沙盘对抗和电子沙盘对抗，能够让学生形象生动地感知企业运营，并了解信息化实施对企业经营的重要作用，书中的拓展知识还可以开阔学生视野，有益于其今后发展。

本书可作为职业院校企业经营沙盘模拟课程的实训教材，也可针对企业经营沙盘模拟大赛、作为学生赛前训练的指导教材。

本书封面贴有清华大学出版社防伪标签，无标签者不得销售。
版权所有，侵权必究。举报：010-62782989，beiqinquan@tup.tsinghua.edu.cn。

图书在版编目(CIP)数据

沙盘企业模拟经营高级指导教程：新创业者/刘国艳主编. —2版. —北京：清华大学出版社，2022.5（2025.2重印）
ISBN 978-7-302-60707-6

Ⅰ.①沙… Ⅱ.①刘… Ⅲ.①企业管理—计算机管理系统—教材 Ⅳ.①F272.7

中国国家版本图书馆 CIP 数据核字(2022)第 068268 号

责任编辑：刘金喜
封面设计：常雪影
版式设计：孔祥峰
责任校对：成凤进
责任印制：刘 菲

出版发行：清华大学出版社
网　　址：https://www.tup.com.cn，https://www.wqxuetang.com
地　　址：北京清华大学学研大厦 A 座　　邮　编：100084
社 总 机：010-83470000　　邮　购：010-62786544
投稿与读者服务：010-62776969，c-service@tup.tsinghua.edu.cn
质 量 反 馈：010-62772015，zhiliang@tup.tsinghua.edu.cn
印 装 者：三河市铭诚印务有限公司
经　　销：全国新华书店
开　　本：185mm×260mm　　印　张：11.25　　字　数：260 千字
版　　次：2017 年 9 月第 1 版　2022 年 6 月第 2 版　印　次：2025 年 2 月第 9 次印刷
定　　价：58.00 元

产品编号：088678-02

前 言

习近平总书记在中国共产党第二十次全国代表大会上的报告指出：加快构建新发展格局，着力推动高质量发展；我们要坚持教育优先发展、科技自立自强、人才引领驱动，加快建设教育强国、科技强国、人才强国，坚持为党育人、为国育才，全面提高人才自主培养质量，着力造就拔尖创新人才，聚天下英才而用之。社会的高质量发展，离不开人才的高质量培养。人才的培养要时刻结合当代社会的变化与改革，随着社会市场就业结构以及就业领域职业岗位规范的变动而变化，我们必须使人才培养方式与企业生产流程紧密结合。

本书认真贯彻落实党的二十大精神，把全面推进习近平新时代中国特色社会主义思想和党的二十大精神进教材作为首要任务，结合"企业经营沙盘模拟"课程的特点，发挥育人作用，将价值塑造、知识传授和能力培养三者有机融合，同向发力，形成育人合力。确保习近平新时代中国特色社会主义思想和党的二十大精神进教材落实到位，发挥铸魂育人实效。

本书以高质量发展、依法治国、新时代企业精神为主题，构建以"人才培养供给侧改革，推动人才高质量培养；熟悉实体企业运营，提升自我发展质量；合法合规经营，承担社会责任；深刻领会市场体系建设思想，弘扬新时代企业精神；自信自立、守正创新，凝聚时代力量；开拓创新、团结奋进"为主要内容的思政教学体系，引导学生做有理想、敢担当、肯奋斗的新时代好青年。

本书是"企业经营模拟"类课程的配套用书。"企业经营沙盘模拟"课程的教学形式独树一帜，是集知识性、趣味性、对抗性于一体的企业管理技能训练课程，目前已纳入许多院校财经商贸类专业的教学计划中。该课程具有科学、简易、实用、趣味等特点，深受广大师生关注和喜爱，其体验式教学方式成为继传统教学及案例教学之后教学创新的典范。本书让学生在游戏般的训练中体验完整的企业经营过程，感受企业发展的典型历程，感悟正确的经营思路和管理理念；使学校达到为社会培养高质量技能型人才的目的，更好地服务地区经济。

本书秉承"教学做"一体的教学理念，注重学生创新创业意识的培养，在直观的操作中熟悉运营规则，在系统的指导下初试运营，在运营的过程中体验肩负的职责，在相互协作中收获成功的喜悦。

本书共分为6个模块：模块1是对沙盘模拟企业经营的初步认知，激发学生的学习兴趣；模块2让学生在组建团队、融资建厂、办理证照等教学活动中，体会创业的快感；模块3带领学生分饰营销总监、采购总监、生产总监、财务总监、总经理等企业主要业务部门主管角色，熟知沙盘模拟企业运营规则；模块4在物理沙盘和电子沙盘两种环境下，引导学生运用规则模拟企业经营；模块5学生羽翼渐丰，独立开展企业经营，驰骋商业战场；模块6培养管理者素质，开拓创新思维。

本书内容清晰明了，方便实用，可用作企业经营沙盘模拟课程的标准教材，也可用作指导学生参加沙盘技能大赛的辅导用书。

本书PPT教学课件和实训表格可通过扫描下方二维码下载。

教学资源下载

本书为校企双元合作开发教材，编者具有丰富的沙盘企业模拟经营授课和大赛经营。本书由天津第一商业学校刘国艳担任主编，由天津滨海塘沽第一职业中专勾丽华、天津市红星职业中等专业学校吕瑶和天津市电子计算机职业中等专业学校杨震宇担任副主编，新道科技股份有限公司天津区蒋晓燕总经理、兰天宇老师担任参编。

由于写作时间和写作水平有限，不足、疏漏之处在所难免，欢迎大家多提宝贵建议，以期日后提高完善。若有关于"企业经营沙盘模拟"教学改革的思路和建议，可直接发送邮件至1009654207@qq.com进行交流，期待更多志同道合的人的参与和支持。

服务邮箱：476371891@qq.com。

编者

2022年11月

目录

| 模块1 | 认知沙盘模拟企业经营 | 1 |

- 1.1 认知沙盘的起源 ······ 1
  - 1.1.1 沙盘的产生与发展 ······ 1
  - 1.1.2 企业经营模拟沙盘的产生 ······ 3
- 1.2 认知沙盘的种类 ······ 3
  - 1.2.1 按照制作材料划分 ······ 3
  - 1.2.2 按照表现方式划分 ······ 4
- 1.3 认知制造企业业务流程 ······ 8
  - 1.3.1 市场预测 ······ 8
  - 1.3.2 制订经营计划 ······ 9
  - 1.3.3 执行经营计划 ······ 13
  - 1.3.4 填写运营记录表 ······ 14
  - 1.3.5 编制财务报表 ······ 16
- 1.4 认知沙盘模拟企业经营 ······ 19
  - 1.4.1 课程定位 ······ 20
  - 1.4.2 课程特征 ······ 20
  - 1.4.3 课程意义 ······ 21

| 模块2 | 创办沙盘模拟企业 | 23 |

- 2.1 组建团队 ······ 23
  - 2.1.1 总经理 ······ 24
  - 2.1.2 财务总监 ······ 24
  - 2.1.3 营销总监/销售总监 ······ 25
  - 2.1.4 生产总监 ······ 25
  - 2.1.5 采购总监 ······ 26
- 2.2 融资建厂 ······ 27
  - 2.2.1 获取资金 ······ 27
  - 2.2.2 购买/租赁厂房 ······ 27
  - 2.2.3 购买、安装生产线 ······ 27
  - 2.2.4 研发新产品 ······ 28
  - 2.2.5 预定原材料 ······ 29
- 2.3 办理证照 ······ 29
  - 2.3.1 企业名称 ······ 29
  - 2.3.2 领取营业证照 ······ 30

| 模块3 | 规范沙盘模拟企业经营 | 38 |

- 3.1 营销总监 ······ 38
  - 3.1.1 开拓市场 ······ 38
  - 3.1.2 获取订单资料 ······ 40
  - 3.1.3 投放广告 ······ 41
  - 3.1.4 确定选单顺序 ······ 41
  - 3.1.5 选取订单 ······ 42
  - 3.1.6 处理异常情况 ······ 43
- 3.2 采购总监 ······ 44
  - 3.2.1 签订采购合同,购买原材料 ······ 44
  - 3.2.2 处理异常情况 ······ 44
- 3.3 生产总监 ······ 45
  - 3.3.1 使用厂房 ······ 45
  - 3.3.2 购置生产线 ······ 46
  - 3.3.3 计算产品成本 ······ 47
  - 3.3.4 研发产品 ······ 48
  - 3.3.5 ISO认证 ······ 49
- 3.4 财务总监 ······ 49
  - 3.4.1 筹集资金 ······ 49
  - 3.4.2 支付各种费用 ······ 50
  - 3.4.3 计算应交所得税 ······ 51
  - 3.4.4 处理异常情况 ······ 52
- 3.5 总经理 ······ 53

| 模块4 | 初试经营模拟企业 | 54 |

- 4.1 模拟企业经营(物理盘) ······ 54
  - 4.1.1 认知年初六项工作 ······ 55
  - 4.1.2 认知季度十九项工作 ······ 57
  - 4.1.3 认知年末四项工作 ······ 76
  - 4.1.4 处理异常情况 ······ 78
- 4.2 模拟企业经营(电子盘) ······ 81
  - 4.2.1 认知年初六项工作 ······ 82
  - 4.2.2 认知季度十九项工作 ······ 83
  - 4.2.3 认知年末四项工作 ······ 98

		4.2.4 处理异常情况 …………………… 98

4.3 编制三表 ………………………………… 101
    4.3.1 "订单登记表"和"产品核算
          统计表" ……………………… 101
    4.3.2 编制财务报表 ………………… 102

4.4 争取订单 ………………………………… 105
    4.4.1 投放广告 ……………………… 105
    4.4.2 选取订单 ……………………… 106

模块5 独立经营模拟企业 108

5.1 制订战略计划 …………………………… 108
    5.1.1 企业盈利 ……………………… 109
    5.1.2 会计平衡公式的运用 ………… 109
    5.1.3 制订合理的发展计划，确保企业
          立于不败之地 ………………… 110
    5.1.4 利用会计平衡公式制订发展计划与
          企业盈利之间的关系 ………… 110

5.2 内部流程及控制 ………………………… 111
    5.2.1 筹集资金 ……………………… 111
    5.2.2 采购原料 ……………………… 111
    5.2.3 生产产品 ……………………… 112
    5.2.4 取得订单，产品销售 ………… 112

模块6 培养管理者素质 114

6.1 提升战略意识 …………………………… 114
6.2 提高管理能力 …………………………… 117
6.3 拓展知识结构 …………………………… 118
6.4 具备企业家素质 ………………………… 121
6.5 培养团队合作精神 ……………………… 122
6.6 开拓创新思维 …………………………… 125
    6.6.1 激发求知兴趣，培养创造性
          思维能力 ……………………… 125
    6.6.2 开拓知识领域，培养创造性
          思维能力 ……………………… 125
    6.6.3 鼓励探索求异，培养创造性
          思维能力 ……………………… 126

模块7 模拟经营实操训练 127

7.1 模拟经营实操训练一 …………………… 127
7.2 模拟经营实操训练二 …………………… 135
7.3 模拟经营实操训练三 …………………… 144

附录 企业模拟经营记录表 154

模块 1　认知沙盘模拟企业经营

思政导入

人才培养供给侧改革，推动人才高质量培养

新时代我们国家提出了新发展理念，着力推进高质量发展，推动构建新发展格局，实施供给侧结构性改革。职业教育的供给侧结构改革就是人才培养的改革，将人才培养与企业用人融为一体。

沙盘模拟经营最大的魅力，在于将企业结构及经营过程浓缩于一张沙盘上。通过模拟企业经营，我们能够实现对企业的认知，掌握企业整体运作流程，熟悉企业组织机构设置及部门职能、岗位职责，了解企业经营管理决策的方式方法，具备企业经营管理的相关技能。从而使我们的知识得到全面的、系统的提升和发挥，形成职业意识，为将来走向工作实践奠定坚实基础，同时也成为生产型企业有知识、有技能的后备力量。

定个目标

- 了解沙盘的起源与种类
- 熟悉制造企业的整体业务流程
- 掌握沙盘模拟企业经营课程的定位及特征

做中学

1.1　认知沙盘的起源

什么是沙盘？为什么要开设经营沙盘模拟实训课程？这是众多学生初次参加沙盘课程学习时都有的困惑，学生们是带着问题走进教室的。

1.1.1　沙盘的产生与发展

沙盘起源于军事。在众多军事题材的电影、电视作品中，我们常看到指挥员们站在一个地形模型前研究作战方案。这种根据地形图、航空相片或实地地形，按一定比例关系，用泥沙、兵棋和其他材料堆制的模型就是沙盘。

沙盘在我国已有悠久的历史。

秦在部署灭六国时，秦始皇亲自研究堆制各国地形，在李斯的辅佐下，由大将王翦领导统一作战。后来，秦始皇在修建自己陵墓时，陵墓中也堆建了一个大型的地形模型，模型中不仅砌有高山、丘陵、城池等，而且还用水银模拟江河、大海，用机械装置使水银流动循环。可以说，这是最早的沙盘雏形，至今已有2200多年的历史。

中国南朝宋范晔撰《后汉书·马援传》已有记载：汉建武八年(公元32年)，光武帝征伐天水、武都一带地方豪强隗嚣时，召名将马援来商讨进军的战略。大将马援对陇西一带的地理情况非常熟悉，他"聚米为山谷，指画形势"，从战术上做了详尽的分析，使光武帝顿有"虏在吾目中矣(敌人尽在我的眼中了)！"的感觉。这就是我国战争史上运用沙盘研究战术的先例，是最早的沙盘作业。

1811年，普鲁士国王腓特烈·威廉三世的文职军事顾问冯·莱斯维茨用胶泥制作了一个精巧的战场模型，用颜色把道路、河流、村庄和树林表示出来，用小瓷块代表军队和武器，陈列在波茨坦皇宫里，用来进行军事游戏。后来，冯·莱斯维茨的儿子约翰·冯·莱斯维茨利用沙盘、地图表示地形地貌，以算时器表示军队和武器的配置情况，按照实战方式进行策略谋划。这种"战争博弈"就是现代沙盘作业，如图1-1所示。

图1-1　现代沙盘作业

19世纪末到20世纪20年代初，沙盘主要用于军事训练，第一次世界大战后，才在实际中得到广泛运用。随着电子计算技术的发展，出现了模拟战场情况的新技术，为研究作战指挥提供了新的手段。

沙盘具有立体感强、形象直观、制作简便、经济实用等特点，主要供指挥员研究地形和作战方案及演练战术使用。

在心理治疗和检测方面，沙盘被广泛应用于发现并解决心理方面的问题，在心理医生的指导下，被治疗者或被检测者随自己的意愿设置沙盘内的情景，由心理医生根据患者摆设沙盘的情节或样子来判断某些心理方面的问题。

1.1.2 企业经营模拟沙盘的产生

商场如战场，一个企业的经营管理要比作战指挥复杂得多。如果只是凭借想象去描绘企业应当如何管理，则无疑是"纸上谈兵"；而如果仅是在每一门课程中展现企业的一个局部现状，也会让学习者感到"只见树木，不见森林"。

随着经济的飞速发展，沙盘不断发展演变，逐步融入企业的生产经营活动中。1986年，被美国《财富》杂志誉为"世界知识管理之父"的瑞典裔管理大师斯威比博士依托在知识管理及企业管理方面的经验，通过多年的研究开发出了沙盘模拟，后被引入哈佛商学院的MBA教学中。利用企业经营的实物模型，沙盘把企业的原材料采购、上线生产、销售、市场分析、广告、投资、产品研发及资金周转等直观地展现在学习者面前，可直观地使其了解企业经营的全过程，增强学生的全局观及战略观，让学生在该模型上进行实际演练，无疑可以避免前面的缺憾。这就是企业经营模拟沙盘的由来。

◇ **做一做** ◇

沙盘模拟教学是目前国内新兴的一种体验式、互动式学习方式，它通过手工或电子沙盘模拟，把涉及企业结构与管理的诸多内容完全展示在沙盘或平台上，看得见、摸得着，使每个学生都能直接参与模拟的企业运作，体验复杂、抽象的经营管理理论，帮助学生将书本的理论知识融会贯通，使学生的学习内容既丰富又充满乐趣，从而培养新时代实用性人才。谈一谈你理解的企业经营模拟沙盘是什么样的。

1.2 认知沙盘的种类

1.2.1 按照制作材料划分

按照制作材料划分，沙盘可分为简易沙盘和永久性沙盘。

1. 简易沙盘

简易沙盘是用泥沙和兵棋在场地上临时堆制的，其顺序为：确定沙盘的水平比例尺和垂直比例尺(通常水平比例尺小于垂直比例尺)→计算沙盘尺寸→堆制地貌→设置地物和军事情况。其中堆制地貌的主要方法是：选定最低等高线及有关地貌特征点，并将其位置从地形图上转绘到沙面上，按垂直比例尺计算山顶、鞍部、山脚等处的插签高度，对照地形图进行堆制。

2. 永久性沙盘

永久性沙盘一般用泡沫塑料板或胶合板、石膏粉、纸浆等材料制作，其方法与堆制简易沙盘基本相同，但塑制地貌时，要放大底图、锼制和镶钉等高线板、堆塑填料和涂饰地表颜色。

1.2.2 按照表现方式划分

按照表现方式划分,沙盘可分为地形沙盘、建筑沙盘、工业沙盘、电子沙盘、企业经营沙盘。

1. 地形沙盘

地形沙盘是以微缩实体的方式来表示地形地貌特征,并在模型中体现山体、水体、道路等物,主要表现的是地形数据,使人们能从微观的角度来了解宏观的事物。地形模型的应用范围极其广泛,主要运用于政府、交通、水利、电力、公安指挥、国土资源、旅游、人武、军事等。地形沙盘如图1-2所示。

图 1-2　地形沙盘

2. 建筑沙盘

建筑沙盘是以微缩实体的方式来表现建筑艺术的,无论是单体造型还是群体组合都是如实地表达建筑思想的构造,将建筑师的意图转化成具体的形象。建筑沙盘如图1-3所示。

图 1-3　建筑沙盘

3. 工业沙盘

工业沙盘泛指设施、装备和器材类的模型，如图1-4所示。

图1-4 工业沙盘

4. 电子沙盘

电子沙盘通过真实的三维地理信息数据，利用先进的地理信息技术，能实时动态查找每一个点的地理信息，如三维坐标、高度、坡度、河流、道路及各种人工工程与设施、远景规划等信息。

电子沙盘分为三维电子沙盘、声光电沙盘和多媒体触控沙盘。它由多媒体计算机(触摸屏一体机)、逻辑控制器、驱动器、舞台灯光控制器及触摸式遥控器(Pda掌上电脑)等设备组成，与模型沙盘、大屏幕投影及多媒体展示软件等配合，实现对模型灯光、舞台灯光动作进行自动、手动、遥控控制，以语音、文字、图片和视频图像等多媒体形式配合，同步展示模型沙盘中的各类相关信息，达到全方位互动式的多媒体展示效果。

1) 三维电子沙盘

三维电子沙盘中的互动虚拟楼盘放在计算机中的建筑模型如图1-5所示。

图1-5 三维互动虚拟楼盘

三维互动虚拟楼盘是能升级、替代建筑模型和样板房的楼盘预售工具,它利用房地产开发商提供的设计图纸和材质数据将拟建楼盘1∶1精确地仿真在计算机上,展示超大场景和局部渲染,营造震撼的视听效果,提升现场销售的业绩。顾客不仅可在售楼部或网站中进入虚拟楼盘,如同玩游戏一样在虚拟楼盘中全方位走动和飞翔,并可进入中意的房间查看装修效果,还能了解周边环境、交通位置、开发公司实力、按揭计算金额等。系统可自动生成三维动画片,用于在售楼部播放和制作电视广告。

2) 多媒体沙盘

多媒体沙盘如图1-6所示。

图1-6 多媒体沙盘

多媒体沙盘立体化地展现了本级政府或部门所属区域内的山水及地形地貌,以多种形式体现各级政府所属部门及各种指挥要素。采用计算机多媒体控制技术,使声、光、像、字幕同步显示或异步显示,既可通过遥控、手控、感应式控制,也可用多媒体控制;既可数码显示、单点显示、组合显示、动态显示,还能仅用一根电话线就可实现远程视频监控显示。多媒体沙盘具有操作灵活、简单,便于维护和修改等特点。

5. 企业经营沙盘

企业经营模拟根据实训平台划分,分为"手工模拟"和"计算机模拟"两个阶段。手工模拟以企业经营沙盘为载体,其最大的魅力在于将企业结构及经营过程浓缩于一张沙盘上,旨在让学生认识企业,了解企业运作及企业组织设置、管理体系和经营过程,以及职业角色在企业中所处的位置和职能,具备为入职企业应有的各项职业能力。

ERP手工模拟沙盘盘面如图1-7所示。

沙盘盘面讲解

图1-7 ERP手工模拟沙盘盘面

◇ 做一做 ◇

通过学习，同学们已基本了解了企业沙盘模拟经营实训课程就是针对一个模拟企业，把该企业运营的关键环节设计为实训课程的主体内容，让企业处于一个抽象的内、外部环境中运营。想一想，作为一家生产型的企业应该如何经营呢？也就是说，它的基本业务流程是什么？

1.3 认知制造企业业务流程

业务流程是为达到特定的价值目标而由不同的人共同完成的一系列活动。活动之间不仅有严格的先后顺序限定，而且活动的内容、方式、责任等也都必须有明确的安排和界定，以使不同活动在不同岗位角色之间进行转手交接成为可能。而主要的业务流程是由直接存在于企业价值链上的一系列活动及其业务流程之间的关系构成的，一般包括研发、采购、生产、销售、财务等活动。

ERP企业经营模拟的业务流程如图1-8所示。

图1-8　ERP企业经营模拟的业务流程

1.3.1 市场预测

市场预测就是运用科学的方法，对影响市场供求变化的诸多因素进行调查研究，分析和预见其发展趋势，掌握市场总的供求情况、市场大小和趋势，以便确定企业的生产计划和销售方案，为经营决策提供可靠的依据。

预测为决策服务，是为了提高管理的科学水平，减少决策的盲目性。我们需要通过预测来把握经济发展或未来市场变化的有关动态，减少未来的不确定性，降低决策可能遇到的风险，使决策目标得以顺利实现。

市场预测流程如图1-9所示。

图1-9　市场预测流程

1.3.2　制订经营计划

计划是各项工作执行的依据，每年年初要制订好企业的年度总计划，各职能部门根据企业年度总计划要做好本部门的年度计划。

制订经营计划流程如图1-10所示。

图1-10　制订经营计划流程

企业根据所处的经营状态分为两种情况：处于起始年的新企业和处于经营年的企业。

1. 处于起始年的新企业

1) 产品

通过准确的市场预测，了解不同市场客户的需求状况，结合企业经营目标及资金状况，最终确定企业的产品组合，并积极予以研发，以满足目标客户的需求。

根据市场预测图，可供选择的有P1、P2、P3和P4四种产品。

市场需求预测如表1-1～表1-3所示。

表1-1 市场预测表——均价

序号	年份	产品	本地	区域	国内	亚洲	国际
1	第二年	P1	4.88	5.15	0	0	0
2	第二年	P2	7.08	7.38	0	0	0
3	第二年	P3	8.54	8.50	0	0	0
4	第二年	P4	10.62	10.67	0	0	0
5	第三年	P1	4.85	4.77	4.79	0	0
6	第三年	P2	6.86	6.88	0	0	0
7	第三年	P3	8.44	8.83	0	0	0
8	第三年	P4	0	9.92	10	0	0
9	第四年	P1	4.60	4.67	4.75	0	0
10	第四年	P2	6.5	0	0	6.44	0
11	第四年	P3	9.17	8.78	0	8.76	0
12	第四年	P4	9.60	10.00	10.00	0	0
13	第五年	P1	5.71	0	4.55	0	4.56
14	第五年	P2	6.44	6.62	6.56	6.86	0
15	第五年	P3	0	7.59	0	8.31	8.33
16	第五年	P4	8.84	9.00	0	9.29	0
17	第六年	P1	5.52	5.46	0	0	5.57
18	第六年	P2	7.41	0	7.29	0	7.22
19	第六年	P3	8.35	8.41	0	8.83	0
20	第六年	P4	0	9.33	10.12	0	9.53

表1-2 市场预测表——需求量

序号	年份	产品	本地	区域	国内	亚洲	国际
1	第二年	P1	16	13	0	0	0
2	第二年	P2	12	16	0	0	0
3	第二年	P3	13	8	0	0	0
4	第二年	P4	8	6	0	0	0
5	第三年	P1	27	13	14	0	0
6	第三年	P2	22	17	0	0	0
7	第三年	P3	25	18	0	0	0
8	第三年	P4	0	12	10	0	0
9	第四年	P1	20	24	24	0	0
10	第四年	P2	22	0	0	16	0
11	第四年	P3	18	18	0	17	0
12	第四年	P4	15	15	24	0	0
13	第五年	P1	21	0	22	0	16
14	第五年	P2	16	13	18	14	0

(续表)

序号	年份	产品	本地	区域	国内	亚洲	国际
15	第五年	P3	0	22	0	16	12
16	第五年	P4	19	18	0	14	0
17	第六年	P1	23	28	0	0	21
18	第六年	P2	17	0	17	0	23
19	第六年	P3	20	17	0	18	0
20	第六年	P4	0	15	16	0	15

表1-3 市场预测表——订单数量

序号	年份	产品	本地	区域	国内	亚洲	国际
1	第二年	P1	6	5	0	0	0
2	第二年	P2	4	6	0	0	0
3	第二年	P3	5	4	0	0	0
4	第二年	P4	3	3	0	0	0
5	第三年	P1	8	5	5	0	0
6	第三年	P2	7	6	0	0	0
7	第三年	P3	8	5	0	0	0
8	第三年	P4	0	4	4	0	0
9	第四年	P1	6	6	7	0	0
10	第四年	P2	7	0	0	5	0
11	第四年	P3	6	5	0	5	0
12	第四年	P4	6	5	7	0	0
13	第五年	P1	6	0	6	0	5
14	第五年	P2	5	4	5	4	0
15	第五年	P3	0	6	0	5	4
16	第五年	P4	5	5	0	4	0
17	第六年	P1	6	6	0	0	5
18	第六年	P2	5	0	5	0	6
19	第六年	P3	5	4	0	5	0
20	第六年	P4	0	4	5	0	4

2) 厂房

厂房有大厂房、小厂房等，各厂房内可安装的生产线的数量不同。厂房既可以买，也可以租，购/租厂房上限为4个。

3) 生产线

生产线类型有手工线、半自动线、全自动线、柔性线等，如图1-11所示。由于各生产线的生产周期不同，所以生产效率(即产能)有高有低。在购买和安装生产线时，要确定每一条生产线生产的产品类型，因为有的生产线转产时需要转产周期、费用，而有的生产线却不需要。

图 1-11 生产线的种类

4) 市场

俗话说，得市场者得天下。市场是企业进行产品销售的地点和场所，包括本地市场、区域市场、国内市场、亚洲市场和国际市场。企业进入某个市场之前，一般需要预先进行市场调查、广告宣传、公关活动等工作，这些工作均会消耗一定的时间和资金。

5) ISO资格认证

ISO(international organization for standardization，国际标准化组织)，成立于1947年2月23日，是世界上最大的国际标准化组织。企业通过ISO认证，内部可强化管理，提高人员素质和建设企业文化，外部可提升企业形象和市场份额。其具体作用有以下几方面。

(1) 强化品质管理，提高企业效益，增强客户信心，扩大市场份额。

(2) 可获得国际贸易绿卡——"通行证"，消除国际贸易壁垒。

(3) 可节省第三方审核的精力和费用。

(4) 在产品品质竞争中立于不败之地。

(5) 有利于国际的经济合作和技术交流。

(6) 强化企业内部管理，稳定经营运作，减少因员工离职造成的技术或质量波动。

(7) 提升品牌效应，提高企业形象。

ISO资格认证标志如图1-12所示。

图 1-12 ISO资格认证标志

◇ **想一想** ◇

产品研发、厂房购买/租赁、生产线的购买与安装、新市场开拓及ISO认证应由哪些部门来完成？

◇ **给点建议** ◇

通过ISO体系认证，可带给认证企业相比其他企业更多的优势。那么，ISO认证体系都包括哪些认证项目？分别对应什么领域？认证机构在哪里？认证流程包括哪些环节？感兴趣的同学不妨试着寻找一下答案。

2. 处于经营年的企业

处于经营年的企业提高经营实力的方法有以下两个：一是不断扩大生产规模，提高产能、增加收入；二是合理地降低费用。

企业根据现有生产能力，结合资金能力预测企业的发展潜能，确定下一年度的生产规模，为企业营销部门年初参加订货会争取订单提供准确的数据。

每年年初各企业的销售经理与客户见面并召开销售会议，根据市场地位、产品广告投入、市场广告投入和市场需求及竞争态势，按顺序选择订单。营销部门在深入分析产品市场需求预测的基础上，合理分配不同市场、产品的广告份额，严格按照企业生产产能选择产品订单，争取用最少的广告投入实现最多的产品销售。

1.3.3 执行经营计划

1. 采购部门

采购是生产的第一环节。企业根据生产部门提供的生产计划，按照确定生产的产品类型及数量对不同型号原材料的需求量，制订出每一周期的原材料采购计划，并积极与原料供应商洽谈、签订原材料采购合同。由于原材料采购有一定的预订周期，而且不同原材料的预订周期不同，所以采购部门一定要注意提前期，保证生产的正常运营，不能让生产停工待料。

2. 生产部门

(1) 根据企业年度计划，租赁或购买厂房，采购并安装生产线。

(2) 对每一周期生产所需的原材料，按类型将需求数量报采购计划给采购部门。

(3) 根据营销部门提供的销售计划，按种类、数量、交货期等条件，从原料库提取生产所需原材料并积极组织生产，保证足额、按期完成。

(4) 将每一生产周期的产成品按不同类型及产能(包括库存商品的数量)提供给营销部门，包括可转产的产品，保证营销部门按时交货的同时，也为其制订下一年度销售计划提供数据。

(5) 企业进行单一产品的生产，竞争力会随市场的饱和而不断下降，要保持企业持续发展，就要不断研发适应市场的新产品。

3. 营销部门

(1) 营销部门需根据年初订货会争取到的订单，密切配合并督促生产部门组织生产。

(2) 严格按照所有订单规定的交货期及数量交货。

(3) 与财务部门及时沟通，销售上不仅注重订单的交货期，还要注意账期的规定，既要按时交货，又要考虑资金收现时间问题，保证企业现金流畅通。

(4) 及时、准确掌握市场动态，积极开拓新市场，完成ISO系列认证。

执行经营计划流程如图1-13所示。

图1-13　执行经营计划流程

◇ **知识点** ◇

账期是指企业给客户付清全部货款的期限。如果账期是2Q，那么表示企业在第一季度销售的产品在第三季度才能收回货款。

1.3.4　填写运营记录表

企业沙盘模拟实训课程中，手工沙盘和电子沙盘的运营流程略有不同。

1. 手工沙盘

手工沙盘必须严格按照经营记录表中列示的流程执行。CEO按照经营记录表中指示的顺序发布执行指令，每项任务完成后，CEO需在对应的方格中打钩，而财务总监在方格中填写现金收支情况。

沙盘经营记录表如表1-4所示。

表1-4 沙盘经营记录表

用户_____   第_____年经营

操作顺序	企业经营流程		每执行完一项操作，CEO请在相应的方格内画钩。	
	手工操作流程	系统操作	手工记录	
年初	新年度规划会议			
	广告投放	输入广告费并确认		
	参加订货会选订单/登记订单	选单		
	支付应付税(25%)	系统自动		
	支付长贷利息	系统自动		
	更新长期贷款/长期贷款还款	系统自动		
	申请长期贷款	输入贷款数额并确认		
1	季初盘点(请填余额)	产品下线，生产线完工(自动)		
2	更新短期贷款/短期贷款还本付息	系统自动		
3	申请短期贷款	输入贷款数额并确认		
4	原材料入库/更新原料订单	需要确认金额		
5	下原料订单	输入并确认		
6	购买/租用—厂房	选择并确认，自动扣现金		
7	更新生产/完工入库	系统自动		
8	新建/在建/转产/变卖—生产线	选择并确认		
9	紧急采购(随时进行)	随时进行输入并确认		
10	开始下一批生产	选择并确认		
11	更新应收款/应收款收现	需要输入到期金额		
12	按订单交货	选择交货订单并确认		
13	产品研发投资	选择并确认		
14	厂房—出售(买转租)/退租/租转买	选择并确认，自动转应收款		
15	新市场开拓/ISO资格投资	仅第四季允许操作		
16	支付管理费/更新厂房租金	系统自动		
17	出售库存	输入并确认(随时进行)		
18	厂房贴现	随时进行		
19	应收款贴现	输入并确认(随时进行)		
20	季末收入合计			
21	季末支出合计			
22	季末数额合计			
年末	缴纳违约订单罚款(25%)	系统自动		
	支付设备维修费	系统自动		
	计提折旧	系统自动		
	新市场/ISO资格换证	系统自动		
	结账			

2. 电子沙盘

电子沙盘每步操作完成后，各队必须将该工作在"系统"中同步记录，即双击对应的任务图标，按照任务执行提示输入相应的数字，然后确定并退出。经系统确认后的操作，便不能退回重做(即不允许本年还原)，以系统结果为准。

电子沙盘起始界面如图1-14所示。

图1-14　电子沙盘起始界面

1.3.5 编制财务报表

财务掌握着整个企业的命脉，一旦企业现金流中断或权益值为负，企业即宣告破产。财务部门是企业财富的"守护神"，因此，财务总监必须要精打细算，运筹帷幄，注意资金的筹集与分配的重要性，否则欲速则不达。

1. 财务预算

企业任何一个部门的工作能否顺利完成，都与财务部门能否提供充足的资金息息相关，主要包括以下费用。

(1) 采购部门原材料的采购费用。

(2) 生产部门购买或租赁厂房费用、购买生产线及生产线的维修费用、生产所需加工费用、管理费用、新产品的研发费用等。

(3) 营销部门参加订货会支付的广告费用、开拓新市场的费用、ISO认证费用等。

(4) 财务部门为保证资金供应所指出的必要的财务费用。

可见，财务部门合理筹措资金，协助企业各部门正常运营是多么重要。

2. 融资的主要方法

筹资方式主要有3种：贷款、贴现和出售库存。其中，贷款和贴现为主要方式，在不同情况下，这两种筹资方式各有千秋。

1) 贷款

银行贷款是一个企业正常经营运作资金来源的重要保障,一般来说,长贷还款压力小,短贷利息少。

2) 贴现

贴现是将未到期的应收账款按一定比例贴现利息费用后兑换成现金的融资方式。贴现数目灵活,可以根据资金缺口灵活变动。

企业在创建初期属于扩张时期,资金比较紧张,因此应尽量选择贷款融资方式;在企业经营过程中,可能会出现临时资金短缺的现象,如果没有可贷量,而应收账款又比较多时,一般采用贴现的方法解决临时资金短缺问题。

3) 出售库存

企业出售库存时,可将原材料打八折(向下取整)出售,出售产成品按产品的成本价计算。一般不建议企业采用此方法来解决资金短缺问题。

当企业遇到资金短缺,贷款、贴现也解决不了时,在出售库存之前,还可以采用厂房买转租,或者变卖厂房、生产线等方法。但若企业真正到了变卖厂房、生产线来获取资金时,已濒临破产,基本上是难以起死回生了。

3. 编制财务报表

企业辛苦经营一年后,其经营成果可通过财务报表的信息得到反映。财务报表是企业经营者了解经营情况、实施经营管理和进行经营决策必不可少的经济信息之一。企业管理人员通过对财务报表进行分析,可以加强和改善经营管理,争取更大的经济效益。

编制财务报表流程如图1-15所示。

图1-15 编制财务报表流程

本课程要求学生学会编制的财务报表简称三表,包括每一年度经营结束后,手工沙盘实训需提交纸质的综合费用明细表、利润表和资产负债表,电子沙盘实训需提交综合费用明细表、利润表和资产负债表的电子报表。

综合费用明细表、利润表和资产负债表如表1-5所示。

表1-5 财务报表

综合费用明细表	
管理费	
广告费	
设备维护费	
损失	
转产费	
租金	
新市场开拓	
ISO资格认证	
产品研发	
信息费	
合计	

利润表	
销售收入	
直接成本	
毛利	
综合费用	
折旧前利润	
折旧	
支付利息前利润	
财务费用	
税前利润	
所得税	
年度净利润	

资产负债表			
现金		长期负债	
应收款		短期负债	
在制品		应交所得税	
库存		—	
原材料		—	
流动资产合计		**负债合计**	

(续表)

资产负债表			
厂房		股东资本	
生产线		利润留存	
在建工程		年度净利	
固定资产合计		所有者权益合计	
资产总计		负债和所有者权益总计	

总之，企业的经营业务流程是以企业经营为主线，将企业的营销部门、采购部门、生产部门、财务部门等多个部门紧密地联系在一起，包含了研发、采购、生产、销售、财务等一系列活动。

在企业沙盘模拟运营实训课程中，将年度计划、采购原料、组织生产、交货客户、收回货款、财务报告等部分设计为主要工作内容。

沙盘模拟企业经营主要工作内容如图1-16所示。

图1-16 沙盘模拟企业经营主要工作内容

1.4 认知沙盘模拟企业经营

企业经营沙盘模拟又叫沙盘推演，它是利用类似前述的沙盘理念，采用现代管理技术手段——ERP(enterprise resource planning，企业资源计划)来实现模拟企业真实经营，使学生在模拟企业经营中得到锻炼、启发和提高。

企业资源包括厂房、设备、物料、资金、人员，以及企业上游的供应商和下游的客户等。企业资源计划的实质就是如何在资源有限的情况下，合理组织生产经营活动，降低经营成本，提高经营效率，提升竞争能力，力求做到利润最大化。可以说，企业的生产经营过程也是对企业资源的管理过程。

企业经营沙盘模拟课程是集知识性、趣味性、对抗性于一体的企业管理技能训练课程。ERP沙盘模拟实践的优点是：简练、生动、直观、全面，易于从全局理解企业的运作精髓。

1.4.1 课程定位

本课程涉及企业战略、市场营销、设备投资与改造、产品研发、生产管理、财务管理、团队建设等多个方面。它融角色扮演、案例分析和专家诊断于一体，通过引领学生进入一个模拟的竞争性行业，模拟企业运营的关键环节，了解企业经营环境，明晰企业组织结构，熟悉企业经营业务流程，明确岗位职责。让学生在分析市场、制定战略、组织生产、整体营销与财务结算等一系列活动中体会企业经营的全过程，从而使学生的知识得到全面、系统的提升和发挥，形成职业意识，提高学习兴趣，为将来走向工作实践奠定坚实基础。

◇ **做一做** ◇

通过学习，同学们已基本了解了企业沙盘模拟经营实训课程就是针对一个模拟企业，把该企业运营的关键环节设计为实训课程的主体内容，让企业处于一个抽象的内、外部环境中运营。想一想，一家生产型企业该如何经营呢？也就是说，它的基本业务流程是什么？

在模拟经营过程中，学生将会遇到企业经营中常出现的各种典型问题，他们必须一同发现机遇，分析问题，制定决策，保证企业成功及不断的成长，在经历模拟企业6年的荣辱成败过程中提高战略管理能力，感悟经营决策的真谛。每一年度经营结束后，同学们通过对"企业"当年业绩的盘点与总结，反思决策成败，解析战略得失，梳理管理思路，暴露自身误区，并通过多次调整与改进的练习，切实提高综合管理素质，从而更好地理解管理的真谛，掌握各种管理理论和管理工具。

1.4.2 课程特征

1. 仿真性

本课程在教学中使用的沙盘教具提供真实企业的业务处理环境及行业市场环境，直探企业经营实质，将企业的组织结构和管理的全部操作展示在模拟沙盘上，把复杂、抽象的企业经营管理理论以最直观的方式让学生体验和学习，可以帮助学生清晰、直观地了解模拟企业的运营状况。通过单据及模拟物件反映企业的现金流、物流、信息流，按照企业的经营过程组织学习内容，模拟经营的过程就是学习的过程。

2. 体验性

研究表明：阅读的信息，我们能记得10%；听到的信息，我们能记得20%；但所经历的事情，我们能记得80%。企业经营模拟课程改变了传统的教学模式，以"现场经历"

的方式，将学生置身于各个模拟企业中，学生以不同的角色身份去经营和管理企业，在积极参与中感受各项经营策略"制订—实施—检验—调整"的完整过程。学生在"做"中"学"，通过学生亲身体会，去感受"决策是如何影响结果的"，进而掌握核心管理技能。

3. 实践性

同学们把平时制订的、尚存疑问的决策方案带到课堂中进行印证，通过模拟经营能够直接看到结果。在模拟中，不管你犯了多少低级可笑的错误，暴露了多少自身存在的缺点，有多少决策和执行上的失误，都不会给企业造成任何实际的经济损失。但模拟经营中那些痛苦的教训和失败的经历却能令学生刻骨铭心、终生难忘、永不重犯，这就是企业经营沙盘模拟演练的特殊收获。

4. 互动性

本课程是互动式课程，当小组成员对决策产生不同观点时，需要团队成员不断地进行商议和探讨，进而增加他们的沟通技能，学会如何以团队的方式进行工作，培养学生共赢、诚信、全局观念等企业经营理念，提高学生的决策能力、沟通能力和创新能力。

5. 对抗性

在激烈的市场竞单中，各小组针锋相对，靠着各自的技巧与策略逐鹿群雄；当某个小组因某种特殊原因不能按时完成任务时，也必定会有人通过沟通、协调来帮助对方解决困难。"我们既是对手，又是朋友"，在竞争中互相朝着积极向上的目标发展，从而使学生摆脱了枯燥的理论教学，让其产生兴奋的、充实的成就感。

1.4.3 课程意义

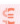

学习本课程的意义主要有以下几方面。

(1) 通过体验式教学，使学生在"快乐中学习"，全面、正确地了解企业的基本运作流程和规则。

(2) 体验团队配合与协作的价值。

(3) 掌握企业经营过程中专业名词的含义。

(4) 掌握企业中各种财务报表的编制。

(5) 能够将理论与实践很好地结合起来，具备"企业"的思想，学会从企业的角度思考问题，对企业经营管理思想有所认识和提升。

总之，企业沙盘经营实训充分考虑了学生的学习特点，设计了模块化教学方式，符合循序渐进的学习过程。与传统的课程设置和课程内容相比，企业沙盘模拟实训课程将各科知识有机联系起来，如将企业管理、市场营销、人力资源、基础会计等学科知识运用于模拟实践工作中来，注重了学生综合应用能力的培养。

◇ **做一做** ◇

企业经营沙盘模拟充满了激情与挑战，可以充分调动学生学习的主动性与参与性，让学生身临其境，真正感受一个企业经营者直面的市场竞争的精彩与残酷，承担经营的风险与责任。你们是否也想去尝试一下？就让我们从创建一家新的生产企业开始吧！

模块2 创办沙盘模拟企业

 思政导入

熟悉实体企业运营，提升自我发展质量

教育、科技、人才是全面建设社会主义现代化国家的基础性、战略性支撑。必须坚持科技是第一生产力，人才是第一资源，创新是第一动力。

通过模拟企业经营，我们能够熟悉企业组织机构设置及部门职能、岗位职责；初步认识开办企业及企业运作的内、外部环境的建立；熟悉企业内部需要准备生产的一切资源，包括厂房、设备等硬件资源，生产许可证、市场准入证等软件资源；了解企业工商注册、办理证照的整个过程。在此过程中，充分认识到国家的发展离不开实体企业，面向国家经济发展需求，努力使自己成为经济发展需要的德才兼备的高质量人才。

 定个目标

- 熟知企业内部工作岗位任务和岗位职责
- 初步掌握开办一家新企业的基本环节
- 了解生产型企业工商注册、办理证照的方法与步骤

 做 中 学

2.1 组建团队

任何一个企业在创建之初都要建立与其企业类型相适应的组织结构。组织结构是保证企业正常运转的基本条件。

在ERP企业经营沙盘模拟实训课程中，采用简化了的企业组织结构方式。企业组织由几个主要角色代表，包括总经理(CEO)、财务总监、营销总监、生产总监、采购总监等。

企业人员定位如图2-1所示。

企业人员定位

总经理	财务总监	营销总监	生产总监	采购总监
●制定发展战略	●日常财务记账和登账	●市场调查分析	●产品研发管理	●编制采购计划
●竞争格局分析	●向税务部门报税	●市场进入策略	●管理体系认证	●供应商谈判
●经营指标确定	●提供财务报表	●品种发展策略	●固定资产投资	●签订采购合同
●业务策略制定	●日常现金管理	●广告宣传策略	●编制生产计划	●监控采购过程
●全面预算管理	●企业融资策略制定	●制订销售计划	●平衡生产能力	●到货验收
●管理团队协同	●成本费用控制	●争取订单与谈判	●生产车间管理	●仓储管理
●企业绩效分析	●资金调度与风险管理	●签订合同与过程控制	●产品质量保证	●采购支付
●业绩考评管理	●财务制度与风险管理	●按时发货、应收款管理	●成品库存管理	●与财务部协调
●管理授权与总结	●财务分析与协助决策	●销售绩效分析	●产品外协管理	●与生产部协同

心态开放　　亲力亲为　　团队协作　　换位思考

图 2-1　企业人员定位

2.1.1　总经理

总经理，即CEO，是整个管理团队的核心人物，负责制订和实施企业总体战略与年度经营计划；建立和健全企业的管理体系与组织结构，从结构、流程、人员、激励4个方面着手优化管理，实现管理的新跨越；主持企业的日常经营管理工作，实现企业经营管理目标和发展目标。现代企业的治理结构分为股东会、董事会和经理班子3个层次。

在ERP企业经营沙盘模拟实训中，省略了股东会和董事会，企业所有的重要决策均由CEO带领团队成员共同决定，如果大家意见相左，由CEO做最终决定。CEO最大的职责是做出有利于企业发展的战略决策，同时还要负责控制企业按流程运行，保障顺利运行。另外，CEO还要特别关注每个人是否能胜任其岗位，尤其是一些重要岗位，如财务总监、营销总监等，如不能胜任要及时调整，以免影响整个企业的运行。

2.1.2　财务总监

财务总监既要负责日常现金收支管理，定期核查企业的经营状况，制定预算及对成本数据的分类和分析，核算企业的经营成果，并将经营成果在企业的报表中反映出来，还要负责资金的筹集、管理，做好现金预算，管好、用好资金，妥善控制成本。

如果说资金是企业的"血液"，财务部门就是企业的"心脏"。财务总监要参与企业重大决策方案的讨论，如设备投资、产品研发、市场开拓、ISO资格认证、购置厂房等。企业进出的每一笔资金，都要经过财务总监之手。切记：资金闲置是浪费，资金不足会破产，两者之间应寻求一个有效的平衡点。

2.1.3 营销总监/销售总监

营销总监主要负责进行需求分析和销售预测，寻求最优市场，确定销售部门目标体系；制订销售计划和销售预算；对销售团队进行建设与管理；客户管理，确保货款及时回笼；销售业绩分析与评估；控制产品应收账款及期限，维护企业财务安全；分析市场信息，为确定企业产能和产品研发提供依据。营销总监所担负的责任主要是开拓市场，并实现产品销售。

企业的利润是由销售收入带来的，可见销售的实现是企业生存和发展的关键。营销总监应结合市场预测及客户需求制订销售计划，有选择地进行广告投放；运用丰富的营销策略，控制营销成本，并取得与企业生产能力相匹配的客户订单；与生产部门做好沟通，保证按时交货给客户；监督货款的回收，进行客户关系管理。

知己知彼，方能百战百胜。商业情报工作在现代商业竞争中有着非常重要的作用，不容小觑。营销总监可以兼任市场调研工作任务，因为他最方便监控竞争对手的情况，如对手已开拓了哪些市场、未涉足哪些市场、拥有哪几种产品的生产资格、在销售上取得了多大的成功、拥有哪类生产线、生产能力如何等一系列信息。充分了解市场，明确竞争对手的动向，有利于增强企业今后在市场上的竞争力，使企业立于不败之地。

2.1.4 生产总监

生产总监是企业生产部门的核心人物，对企业的一切生产活动进行管理，并对产品负最终的责任。生产总监既是生产计划的制订者和决策者，又是生产过程的监控者，对企业目标的实现负有重大的责任。他的工作是通过计划、组织、指挥和控制等手段实现企业资源的优化配置，以创造最大的经济效益。

在ERP企业经营沙盘模拟实训中，生产总监参与制定企业经营战略，负责指挥生产运营过程的正常进行，以及生产设备的选购、安装、维护及变卖和管理成品库等工作，权衡利弊，优化生产线组合，实现企业生产资源的最优化配置。生产规模往往是制约企业发展的重要因素，因此生产总监要有计划地扩大生产能力，以满足企业广泛参与市场竞争的需要，同时提供季度产能数据，为企业决策和运营提供依据。

生产总监同时也是企业产品研发部门的核心人物，主持开发新技术，研发新产品，带领和激励自己的团队完成企业赋予的任务，实现企业的技术管理和支撑目标，为企业发展壮大提供强有力的技术保障。生产总监的具体职责包括：组织研究行业最新产品的技术发展方向，主持制定技术发展战略规划；管理企业的整体核心技术，组织制定和实施重大技术决策和技术方案；及时了解和监督技术发展战略规划的执行情况；制订技术人员的培训计划，并组织安排企业其他相关人员的技术培训；等等。

2.1.5 采购总监

采购是企业生产的首要环节。采购总监负责各种原料的及时采购和安全管理，确保企业生产的正常进行；负责依据生产计划编制并实施采购供应计划，分析各种物资供应渠道及市场供求变化情况，力求从价格、质量上把好第一关，为企业生产做好后勤保障；进行供应商管理，与供应商签订供货合同，按期采购原材料并向供应商付款；进行原材料库存的数据统计与分析，确保在合适的时间点采购合适的品种及数量的原材料，保证正常生产。

在学生人数较少时，可以将生产总监与采购总监岗位合并，称为运营总监。在学生人数较多时，可适当增加财务助理、CEO助理、营销助理、生产助理等辅助角色，特别是财务助理很值得设岗。为使这些辅助角色不被边缘化，应尽可能明确其所承担的职责和具体任务。

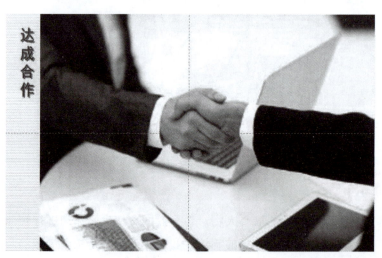

◇ 做一做 ◇

"21世纪什么最重要？是人才！"对于企业来说，一支高效率的队伍能够帮助企业顺利开拓业务、发展壮大。你已经清楚了企业内部工作岗位设定和岗位职责，请根据自己的特长，选择一个最适合自己的岗位来一显身手吧！没有人比你更了解你自己。加油，同学们！

2.2 融资建厂

2.2.1 获取资金

企业要运作,首先需要资金。企业获取资金的途径有很多,包括股东自行筹资、国家财政投入筹资、银行贷款筹资、吸收股份发行股票筹资、利用外资筹资等一系列筹资方式。但企业最基础、最根本的筹资渠道就是积累自有资金,也就是由股东自筹资金。

筹集到的资金数量的多少,决定企业未来创建规模的大小。资金雄厚的企业,经济实力强大,市场竞争力也强,在利益分配上占据主导地位;相反,企业资金少,经济实力弱,缺乏市场竞争力,则在利益分配上居于不利地位。

2.2.2 购买/租赁厂房

企业要进行生产经营,必须有自己的场地,也就是厂房。厂房有大有小,可容纳的生产线数量不同。厂房既可以购买,也可以租赁。当然,大厂房不论售价还是租金,都要高于小厂房。企业可按照年初制订的经营计划,根据资金状况及生产计划,确定厂房购买或租赁方案。

厂房信息如表2-1所示。

表2-1 厂房信息

厂房	购买价格	租金	出售价格	容量	购买上限	分值
大厂房	30W	4W/年	30W	4条	3个	10分
小厂房	20W	3W/年	20W	3条	3个	7分

2.2.3 购买、安装生产线

企业要生产,必须购买和安装生产线,主要包括手工线、半自动线、自动线和柔性线4种。生产线信息如表2-2所示。

表2-2 生产线信息

生产线	购置费	安装周期	生产周期	维修费	残值	转产周期	转产费	分值
手工线	5W	无	3Q	0	2W	无	无	5分
半自动线	10W	1Q	2Q	1W/年	2W	1Q	2W	7分
自动线	15W	3Q	1Q	2W/年	3W	1Q	2W	9分
柔性线	20W	4Q	1Q	2W/年	4W	无	无	10分

由表2-2可知,4种生产线相比较,购置费用柔性线最高,手工线最低;安装周期柔性线最长,手工线最短;生产周期柔性线和自动线产能最多,手工线最少;维修费用柔性

和自动线同样是最高的,而手工线没有维修费;生产线折旧柔性线最多,手工线与半自动线最少;柔性线和手工线转产时不需要转产周期、转产费用,而自动线和半自动线在转产时需要转产周期、支付转产费用。

综合以上各项条件,企业必须结合生产计划认真制定生产线组合方案。在购买安装生产线的同时,要确定每一条生产线生产的产品类型,尽可能地不随意转产,以免因转产降低产能,同时也可能增加费用。

2.2.4 研发新产品

由于产品是为了满足市场上消费者的需求而生产的,而不同时期的消费者存在不同的消费倾向,所以对产品也就提出了不同的要求。不断变化的消费者需求,决定了企业必须不断研发新产品,在满足人们日益增加的物质文化生活需要的同时,也可以实现企业更多的盈利,从而使企业持续发展。

一个企业能否持续不断地进行产品创新,开发出适合市场需求的新产品,成为决定该企业能否实现持续稳定发展的重要问题。尤其是在科学技术发展日新月异、产品生命周期大大缩短的新经济时代,企业产品面临的挑战更加严峻,不及时更新产品,就可能导致企业的灭亡。可见,推陈出新、不断研发适应消费者需求变化的新产品是一个企业永葆生命力的前提和基础。

如果产品是为了满足消费者需求,那么企业研发什么产品、什么时候开始研发、什么时候将新产品推向市场等信息应来源于企业对市场准确的预测。

如果不是选择单一产品的策略,除了对每种产品的开发周期、开发费用、产品的原材料组成等因素进行优劣比较外,还要考虑产品的组合和搭配问题。组合方式没有定式,但确定的组合一定有它的优势所在。例如,高风险、高利润产品搭配低风险、低利润产品,在谋取较大利益的同时,也能保证在不利的情况下留有挽救的余地,不至于直接导致破产。又如,当P1、P3产品或P2、P4产品的原材料有共用的情况存在时,在采购原材料时只考虑高端产品的原材料,这既可满足高端产品的生产需求,也可用于低端产品的生产。在激烈的市场竞争中,为营销总监在订单选取上创造有利条件,能进能退,更加灵活。

产品研发及原材料构成如表2-3所示。

表2-3 产品研发及原材料构成

名称	开发费	开发时间	加工费	直接成本	分值	产品组成
P1	1W	2季	1W	2W	10分	R1
P2	1W	3季	1W	3W	10分	R2+R3
P3	1W	4季	1W	4W	10分	R3+R1+R4
P4	1W	5季	1W	5W	10分	R2+R3+2R4

2.2.5 预定原材料

为企业下一步生产做好准备，采购总监需要进行原材料采购。

原材料采购涉及两个环节，即签订采购合同和按合同收取原材料。采购总监在签订采购合同时，要注意采购提前期。原材料R1、R2需要提前一期下订单，而R3、R4需要提前两期下订单，到期方可取料。订早了会造成原材料积压，占用资金；订晚了会造成停工待料，影响生产效率。

采购数量上要根据生产计划进行，不同种类的产品根据产品原材料构成，其原材料需求的类型及数量同样会发生改变。

原材料信息如表2-4所示。

表2-4 原材料信息

名称	购买价格	提前期
R1	1W/个	1季
R2	1W/个	1季
R3	1W/个	2季
R4	1W/个	2季

◇ 想一想 ◇

第一年模拟经营结束：企业租了一个大厂房，研发完成P1、P3两种产品；购买并安装完成3条自动线、1条柔性线，其中，2条自动线计划生产P1产品，1条自动线和柔性线计划生产P3产品。请问：如果你是采购总监，在第一年如何制订原材料采购计划，才能保证第二年年初4条生产线都能按计划生产？

2.3 办理证照

企业已完成团队组建、资金筹集，有了厂房、安装了设备，研发了新产品、订购了原材料，可以开始营业了吗？

企业在营业之前，必须获取合法经营权，这就要求企业办理包括营业执照在内的各种证照。

2.3.1 企业名称

公司注册名称预先核准是取证的第一步，一般是指工商字号的核准，对即将注册的名称字号进行工商、商标局、公众号等多个领域的预核。因此，在办理证照之前，应事先为企业取一个或多个有创意的名称以备查。

◇ 做一做 ◇

发挥团队的聪明才智，大家一起为公司取一个名字并设计口号吧！还可以自己设计一个个性化的Logo哦……发挥你们的创造吧！把你们的创业情况记录下来。

企业概况

企业名称			
创业口号			
总 经 理		采购总监	
营销总监		财务总监	
生产总监			

2.3.2 领取营业证照

1. "五证合一"营业执照

"五证合一"营业执照是指企业法人营业执照、组织机构代码证、税务登记证、社会保险登记证和统计登记证"五证合一"的登记制度，企业通过领取加载统一社会信用代码的营业执照，即可办理其他证件的相关业务。

我国自2015年9月29日起，对新成立的企业类市场主体统一实行"三证合一、一照一码"的登记模式，由工商部门核发加载"统一代码"的营业执照。

为贯彻落实国务院关于深化简政放权、放管结合、优化服务改革的部署要求，统筹协调推进，精心组织实施，在全面实施"三证合一"登记制度改革的基础上，再整合社会保险登记证和统计登记证，从2016年10月1日起正式实施"五证合一、一照一码"登记制度，在更大范围、更深层次上实现信息共享和业务协同，巩固和扩大"三证合一"登记制度改革成果，进一步为企业开办和成长提供便利化服务，降低创业准入的制度性成本，优化营商环境，激发企业活力，推进大众创业、万众创新，促进就业增加和经济社会持续健康发展。

"五证合一"营业执照如图2-2所示。

图2-2 "五证合一"营业执照

1) 传统的五证

(1) 企业法人营业执照。

企业法人营业执照是企业或组织合法经营权的凭证，由工商行政管理局办理营业执照登记手续。

"企业法人营业执照"的登记事项包括企业名称、地址、负责人、资金数额、经济成分、经营范围、经营方式、从业人数、经营期限等。企业法人营业执照分正本和副本，两者具有相同的法律效力。正本应置于公司住所或营业场所的醒目位置，副本一般用于外出办理业务用，如办理税务登记证、银行开户许可证等。

企业法人营业执照如图2-3所示。

图2-3　企业法人营业执照

(2) 组织机构代码证。

组织机构代码是国家质量技术监督部门根据国家标准编制，对中华人民共和国内依法注册、登记的机关、企事业单位、社会团体和民办非企业单位颁发一个在全国范围内唯一的、始终不变的代码标识。

组织机构代码证对任何一个单位来说都非常重要，目前已在工商、税务、银行、公安、财政、人事劳动、社会保险、统计、海关、外贸和交通等40多个部门中广泛应用，已成为单位在进行社会交往、开展商务活动所必需的"身份证明"。

组织机构代码证如图2-4所示。

(3) 税务登记证。

税务登记证，也叫税务登记证件，是指从事生产、经营的纳税人向生产、经营地或纳税义务发生地的主管税务机关申报办理税务登记时，所颁发的登记凭证。

税务登记证如图2-5所示。

税务登记证主要内容包括纳税人名称、税务登记代码、法定代表人或负责人、生产经营地址、登记类型、核算方式、生产经营范围(主营、兼营)、发证日期等。

图 2-4　组织机构代码证

图 2-5　税务登记证

《中华人民共和国税收征收管理法实施细则》中规定，除按照规定不需要发给税务登记证件的外，纳税人办理下列事项时，必须持税务登记证件。

① 开立银行账户。

② 申请减税、免税、退税。

③ 申请办理延期申报、延期缴纳税款。

④ 领购发票。

⑤ 申请开具外出经营活动税收管理证明。

⑥ 办理停业、歇业。

⑦ 其他有关税务事项。

(4) 社会保险登记证。

社会保险登记是指根据《社会保险费征缴暂行条例》第2条、第3条、第29条的规定应当缴纳社会保险费的单位，按照《社会保险登记管理暂行办法》规定的程序进行登记、领取社会保险登记证的行为。社会保险登记是社会保险费征缴的前提和基础，从而也是整个社会保险制度得以建立的基础。县级以上劳动保障行政部门的社会保险经办机构主管社会保险登记。

社会保险登记证如图2-6所示。

图2-6　社会保险登记证

(5) 统计登记证。

统计登记证是统计部门颁发的，用于报送统计数据的证书。如果没有统计登记证，理论上是不能报送统计数据的。实行统计登记的主要目的是查清各类统计单位的地区分布、行业类别、单位类型、规模及资产构成等情况，为抽样调查提供科学的依据。

统计登记证如图2-7所示。

图2-7　统计登记证

2) 推进"五证合一、一照一码"登记制度改革的指导原则

(1) 标准统一规范。

建立健全并严格执行企业登记、数据交换等方面的标准，确保全流程无缝对接、流畅运转、公开公正。

(2) 信息共享互认。

强化相关部门间信息互联互通，实现企业基础信息的高效采集、有效归集和充分运用，以"数据网上行"让"企业少跑路"。

(3) 流程简化优化。

简化整合办事环节，强化部门协同联动，加快业务流程再造，务求程序上简约、管理上精细、时限上明确。

(4) 服务便捷高效。

拓展服务渠道，创新服务方式，推行全程电子化登记管理和线上线下一体化运行，让企业办事更方便、更快捷、更有效率。

3) 五证合一的优势

与传统的办证方式相比，"五证合一"营业证照的优势如表2-5所示。

表2-5 "五证合一"营业证照的优势对比

项目	改革前	改革后
要办的证件	五证——企业法人营业执照、组织机构代码证、税务登记证、社保证、统计证	一证——营业执照(由工商部门向企业颁发加载组织机构代码、税务登记号、社会保险登记证号和统计登记证号的营业执照)
要跑的部门	六部门——工商、质检、国税、地税、人力社保、统计	一个窗口(各地将统一开设"五证合一"综合受理窗口)
提交的材料	五份材料	对于工商、质检、国税、地税、人力社保、统计部门要求提交的相同申请材料，申请人只需提交一份
办理的时间	至少5个工作日	3个工作日即可拿到联办的证照

2. 其他证照

(1) 开户许可证。

单位银行结算账户按用途分为基本存款账户、一般存款账户、专用存款账户和临时存款账户。其中，基本存款账户是单位的主办账户，存款人只能在银行开立一个基本存款账户，其他银行结算账户的开立必须以基本存款账户的开立为前提。

企业申请开立基本存款账户的，应向银行出具营业执照正本、税务登记证、法定代表人的身份证件并填制开户申请书。银行审查合格后，对于符合开户条件的企业，人民银行为其颁发基本存款账户开户许可证，并为其办理开户手续。

我国现行账户管理有关规定对企业开立账户没有最低金额方面的限制。

开户许可证如图2-8所示。

图 2-8　开户许可证

(2) 产品生产许可证。

新产品的研发往往会影响企业今后的发展与竞争力的提升。同时，无论企业想要生产什么样的产品，都要事先取得相应的生产许可证，否则制造出来的产品属于非法产品，不能合法销售。

产品生产许可证如图2-9所示。

图 2-9　产品生产许可证

根据《中华人民共和国工业产品生产许可证管理条例》规定，企业生产列入目录的产品，应向企业所在地的省、自治区、直辖市工业产品生产许可证管理部门申请取得生产许可证，即向企业所在地的省级质量技术监督部门申请办理。因此，每当有一种新产品研发完毕，企业相关人员都需要负责到有关管理部门申请该产品的生产许可证，为该产品的生产和销售取得合法身份。

(3) 市场准入证。

市场准入是指货物、劳务与资本进入市场的程度的许可。对于产品的市场准入，一般的理解是，市场的主体(产品的生产者与销售者)和客体(产品)进入市场的程度的许可。准入客体不同，颁发市场准入证的机构也不同，因此对准入证的格式没有统一的规定。图2-10所示是由中清净业环境科技研究院和中国商业企业管理协会清洁服务商专业委员会制定、颁发的中国清洁产品市场准入证。

图2-10　中国清洁产品市场准入证

俗话说，得市场者得天下。企业的生存和发展离不开市场这个大环境，要想在不同的市场进行发展，就必须进行不同类型、不同程度的新市场开拓。注意，不同市场的开拓所需时间和费用有差异，同时市场对产品需求也有差异。例如，企业所研发的新产品在某市场有需求，而在另外的市场没有需求；或者某市场需求量很大，而在另外的市场需求不大。因此，哪些市场必须进入，哪些市场选择放弃，或者无论需求大小都必须涉足其中，都需要企业的相关人员通过大量市场调查，进行科学的数据分析，做出准确的抉择，然后积极与相关市场进行洽谈，获得产品进入该市场的准入许可。注意，性质不同的产品发放准入许可的部门也不同。

市场准入信息如表2-6所示。

表2-6　市场准入信息

市场	开发费用	时间	分值
本地	1W/年*1年=1W	1年	5分
区域	1W/年*1年=1W	1年	5分
国内	1W/年*2年=2W	2年	8分
亚洲	1W/年*3年=3W	3年	9分
国际	1W/年*4年=4W	4年	10分

(4) ISO系列认证。

前面我们已经就ISO认证的意义及作用做了详细的分析，同时，有些市场对产品订单的选取增加了必须具备诸如ISO9000或ISO14000系列资格认证等其他条件。可见，企业要想进入更多的市场，尤其是国际市场，提高企业的竞争能力，则取得ISO系列认证资格势在必行。认证时，也应注意不同类型的资格证在认证时间和费用上的差异。

ISO认证信息如表2-7所示。

表2-7　ISO认证信息

市场	开发费用	时间	分值
ISO9000	1W/年*2年=2W	2年	8分
ISO14000	2W/年*2年=4W	2年	10分

ISO认证证书如图2-11所示。

图 2-11　ISO 认证证书

◇ 拓展练习 ◇

为公司申请营业证照，实行"五证合一"的方式与传统逐一申领的方式相比，它的优势何在？把社会保险登记证纳入营业证照中，能给企业员工带来哪些好处？谈一谈你的看法。

模块3 规范沙盘模拟企业经营

思政导入

合法合规经营，承担社会责任

习近平总书记在二十大报告中指出：我们要坚持走中国特色社会主义法治道路，建设中国特色社会主义法治体系，建设社会主义法治国家。

企业作为社会的组成部分，作为社会生产的基本组织形式和基础层次，从事经营活动，必须遵守法律、行政法规，遵守社会公德、商业道德，诚实守信，接受政府和社会公众的监督，承担社会责任。守法合规经营是企业行稳致远的根本保障，要把依法治企的要求全面融入到经营管理的各个环节，以法治思维促进企业创新发展。

定个目标

- 熟知企业内部工作岗位任务和岗位职责
- 企业内部各岗位能够依据规则熟练进行运营决策

做 中 学

3.1 营销总监

企业是面向市场的，而市场是多变的，有时甚至是不可预测的、充满危机的，企业可能会因此陷入困境。这就要求营销总监不但要有胆识，而且要熟悉市场规则。

3.1.1 开拓市场

市场准入规则

市场是企业进行产品销售的地点和场所，包括本地市场、区域市场、国内市场、亚洲市场和国际市场。在进入某个市场之前，企业要做好充分的准备，进行市场调研、广告宣传等工作，这些工作都要消耗一定的资金和时间。市场开发投资按年度支付，只能在每年第四季度投入开发费用，允许同时开发多个市场，但每个市场每年最多投资为1W，不允许加速投资，但允许中断。市场开发完成后才允许进入该市场竞单。

市场开发规则如表3-1所示。

表3-1 市场开发规则

市场	开发费用	时间
本地	1W/年*1年=1W	≥1年
区域	1W/年*1年=1W	≥1年
国内	1W/年*2年=2W	≥2年
亚洲	1W/年*3年=3W	≥3年
国际	1W/年*4年=4W	≥4年

物理沙盘市场准入展示如图3-1所示。

图3-1 物理沙盘市场准入展示

◇ 做一做 ◇

目前,企业已经拥有本地市场经营权,若要开拓区域市场,则企业能否在本年第二季度投入1W开发资金?如果能,在什么时候可以投入使用?如果不能,需要在什么时候投入开发资金及什么时候能够投入使用?

◇ 给点建议 ◇

市场开发流程如图3-2所示。

图3-2 市场开发流程

3.1.2 获取订单资料

订单规则

每年年初,市场需求以订单的形式对外公布,市场公布的所有订单对于每个企业都是公平、透明的。各企业可以根据自有的产能有针对性地投放广告,力求竞得更多的订单。

账期指企业给客户付清全部货款的期限。例如,账期为3Q,表示企业如果第一季度销售产品,第四季度才能收回货款。

订单信息如表3-2所示。

表3-2 订单信息

数量	价格	收入	账期	编号	数量	价格	收入	账期	编号
6	4	24		LP1-01	2	6	12		LP2-01
5	4	20		LP1-02	4	5.8	23		LP2-02
4	4.1	16		LP1-03	5	5.9	30		LP2-03
4	4.3	17		LP1-04	3	5.3	16		LP2-04
6	4	24		LP1-05	4	5.2	21		LP2-05
4	4.2	17		LP1-06	3	5.5	17		LP2-06
3	4.2	13		LP1-07	5	5.3	27		LP2-07
6	4.3	26		LP1-08	3	5.4	16		LP2-08
5	4.3	22		LP1-09	2	5.4	11		LP2-09
2	5	10		LP1-10	4	5.6	22		LP2-10
6	4.4	26		LP1-11	4	5.2	21		LP2-11
5	4.1	21		LP1-12	3	5.3	16		LP2-12
4	4.4	18		LP1-13	6	5.7	34		LP2-13
4	4.2	17		LP1-14	4	5.8	23		LP2-14
3	4.1	12		LP1-15	2	5.6	11		LP2-15
3	5	15		LP1-16	3	5.3	16		LP2-16
4	4.1	16		LP1-17					
5	4.3	22		LP1-18					

备注:表中"价格""收入"的单位为"万元"。

◇ **做一做** ◇

企业在激烈的市场竞争中,取得一张本年第三季度交货,账期为2Q的订单。思考:企业正常交货后什么时候能收回货款?

◇ **给点建议** ◇

企业正常在本年度第三季度按订单交货,根据账期规则,需要经过2个季度以后才能收回货款,因此要在明年第一季度才会收回货款。大家在计算企业现金流时,一定要重视账期!

3.1.3 投放广告

广告规则

每年年初,企业营销总监参加订货会并投放广告。广告是按市场、产品品种投入的,投入1万元有一次选单的机会,以后每多投2万元增加一次选单的机会,每一次选单的机会只能选择一张订单,但是能否选到单取决于当年的市场需求和企业间的竞争状况。

确定广告费后,营销总监将广告费按市场、产品填入广告登记表。"广告登记表"如表3-3所示。

表3-3 广告登记表

_____公司广告登记

第一年	产品	本地广告(万元)	区域广告(万元)
	P1		
	P2		

◇ 做一做 ◇

根据市场预测,第二年本地市场有10张P1产品的订单,如果你想取得2张订单,最少应投入多少广告费?投入广告费就一定能选到订单吗?

◇ 给点建议 ◇

投入1万元有一次选单的机会,以后每多投2万元增加一次选单的机会,因此,要取得2张订单,至少应投入3万元。由于每一次选单时只能选择一张订单,所以要选择第二张订单需等本市场本产品投放广告的所有组选完一轮,才能开始下一轮选单。因此,虽然投放了广告,但能否选到单取决于当年的市场需求和企业间的竞争状况。

3.1.4 确定选单顺序

选单排名规则

在每年年初召开的订货会上,将各企业投入的广告费、市场需求及企业间的竞争等因素综合起来进行排名,各企业根据排名次序先后选择订单。选单排名确定的程序如下:

(1) 以当年本市场本产品广告额投放大小顺序依次选单。

(2) 如果两个或两个以上的企业在本市场本产品广告额相同,则按当年本市场广告投放总额进行排名(包括各种产品投入的广告费用总额)。

(3) 如果当年本市场广告总额也相同,则按上年该市场销售排名。

(4) 若仍相同,则先投广告者先选单。

(5) 若参数中选择有市场老大,则市场老大有该市场所有产品的优先选单权(市场老大指上一年某市场内所有产品销售总额最多且该市场没有违约的企业。如果出现多组销售总额相等，则市场无老大)。

3.1.5 选取订单

选取订单

选取订单规则

确定了选单顺序后，开始选取订单，每组每轮选单只能先选择1张订单。

1) 第一轮选取订单

各企业按照选择订单的排名顺序开始第一轮选单。

2) 第二轮选取订单

待所有投放广告组完成第一轮选单后，若还有订单，则该市场该产品广告额大于等于3W的组将获得第二轮选单机会，选单顺序和第一轮相同。

3) 第三轮选取订单

第二轮选单完成后，该市场该产品广告额大于等于5W的组将获得第三轮选单机会，选单顺序和第一轮相同，以此类推。

提请注意：

(1) 在某细分市场(如本地、P1)有多次选单机会，只要放弃一次，则视同放弃该细分市场所有选单机会。

(2) 在操作电子沙盘时，必须在倒计时大于5秒时选单，出现确认框要在3秒内按下确认按钮，否则可能造成选单无效。

在订货会后，各企业营销总监确定了所选的订单后，将企业获得的订单登记到订单登记表上。

订单登记表如表3-4所示。

表3-4 订单登记表

订单号			合计
市　场			
产　品			
数　量			
账　期			
销售额			
成　本			
毛　利			
未　售			

◇ 做一做 ◇

年初订货会上，企业营销总监在第二年区域P1市场投放了6W的广告。思考：该企业有几次选取订单的机会？由于第二轮选单时选单时间超时，该企业还有几次选单的机会？

◇ 给点建议 ◇

根据广告规则，投入1W有一次选单的机会，以后每多投2W增加一次选单的机会，因此，该企业共有3次选取订单的机会。由于操作失误，选单超时，未能选中订单，视为放弃区域P1细分市场的选单。根据取单规则，在某细分市场有多次选单机会，只要放弃一次，则视同放弃该细分市场所有选单机会，因此，该企业在本细分市场没有选的机会了。

3.1.6　处理异常情况

交货规则

客户订单上标注了市场、产品数量、单价、订单价值总账期、交货期等要素，各企业必须按照订单标注的产品数量、交货期交货，企业如果因为产能或其他原因未能按时交货，则将受到以下惩罚。

(1) 取消该张订单。

(2) 按该订单销售额的20%(四舍五入取整)扣罚违约金。

企业因产能不足导致不能按期交货，可以采取放弃交单或紧急采购补足产能来交货。紧急采购相关要求如下。

(1) 付款即到货，可马上销售，成品紧急采购价格为直接成本的3倍，即紧急采购P1单价为6W/个，紧急采购P2单价为9W/个。

(2) 紧急采购产品时，直接扣除现金。上报报表时，成本仍然按照标准成本记录，紧急采购多付出的成本记入费用表的"损失"项。

◇ 做一做 ◇

根据交货规则，企业有一张本地P1产品的订单，数量为2，单价为5.6W，交货期为2Q，但由于产能计算失误导致差一个产品，不能在交货期内交货，因此放弃交货。思考：该企业将受到哪些惩罚？如果该企业不想受到惩罚，应该用什么策略？比较一下放弃交单和紧急采购对企业利润的影响有什么不同？

◇ 给点建议 ◇

如果该企业不能在交货期内交货，并且放弃交货，则将会受到取消该张订单并按该订单销售额的20%扣罚违约金的惩罚。如果该企业不想受到惩罚，以维护良好的社会声誉，可以采取紧急采购的策略，以补足订单，按时交货。

放弃交单和紧急采购对企业利润影响的比较如下。

(1) 放弃交单。该企业将会受到该张订单销售额20%的罚款，金额为$5.6 \times 2 \times 20\% = 2.24$(W)。该项罚款为企业的损失，将会使企业利润减少2.24W。

(2) 紧急采购。正常销售的利润$=(5.6-2) \times 2 = 7.2$(W)，由于紧急采购1个P1产品多付出的成本$=6-2=4$(W)，记入费用表"损失"项，因此，实际使企业利润增加$=(7.2-4)=3.2$(W)。

3.2 采购总监

采购总监的职责是把关好每一个原材料的订购。采购总监要与生产总监进行良好的沟通，即什么时候需要或需要多少原材料，以做好原材料的预定工作；与财务总监紧密配合，因为购买原材料的款项都是通过财务总监的预算拨款的。若想一个企业运营得好，就得有章有序，期待你们的精彩绽放。

3.2.1 签订采购合同，购买原材料

采购规则

原材料共有R1、R2、R3、R4四种，其中R1、R2原材料采购需要提前一个季度向原料供应商下订单，R3、R4原材料采购需要提前两个季度向原料供应商下订单(订购时无须支付任何费用)。每种原料的价格均为1W，原料到货后必须根据采购订单如数接受相应原料入库，并按规定支付原料款，不得拖延。本季度采购完成后才能开始订购下一季度的原材料。

原材料价格及采购期如表3-5所示。

表3-5 原材料价格及采购期

名称	购买价格	提前期
R1	1W/个	1季
R2	1W/个	1季
R3	1W/个	2季
R4	1W/个	2季

◇ 做一做 ◇

企业在第二年第一季度需要投产2个P2。思考：如何安排原材料采购？P2的产品组成为P2= R2+R3。

◇ 给点建议 ◇

由于R1、R2原材料采购需要提前一个季度向原料供应商下订单，R3、R4原材料采购需要提前两个季度向原料供应商下订单，依据产品组成，生产1个P2需要1个R3和1个R4，因此，本年第一季度生产2个P2，需要提前一个季度(即上一年度的第四季度)订购2个R2，提前两个季度(即上一年度的第三季度)订购2个R3。

3.2.2 处理异常情况

紧急采购规则

(1) 付款即到货，可马上投入生产。原材料紧急采购价格为直接成本的2倍，即紧急采购R1、R2、R3或R4，每个原材料单价为2W/个。

(2) 紧急采购原材料，直接扣除现金。上报报表时，成本仍然按照标准成本记录，紧急采购多付出的成本记入费用表"损失"项。

◇ 做一做 ◇

企业在第二年第三季度开始下一批生产时发现，由于采购订单不足，生产P2产品原材料短缺1个R2，如果不能及时取得生产所需原材料，生产线就要面临停产。思考：如何解决这一困境。

◇ 给点建议 ◇

如果因R2原材料的短缺造成生产线停产，会给企业带来折旧费用、生产线维护费用等"隐形"损失；同时可能造成P2产品不能在交货期内交货，将会受到取消订单并按该订单销售额的20%扣罚违约金的惩罚，企业的社会声誉受到严重影响。因此，在综合考虑原材料短缺影响企业利润的基础上，我们可以采取紧急采购的方式，以弥补原材料不足给企业带来的损失。

3.3 生产总监

作为一个现代企业，生产运营管理在企业整个发展过程中具有重要作用。在经营过程中，生产总监要和营销总监及采购总监做好预算，根据本企业拥有的生产线，计算出下一年的产能，用于争取产品订单，不出现交货违约和不合理的存货积压；还要根据原材料的需要量和采购期，计算原材料需求量和需求期，不出现因原材料不足导致的停产或原材料过剩，造成不必要的资金占用。生产总监，你准备好了吗？开始大显身手吧！

3.3.1 使用厂房

厂房规则

厂房是企业生产的必备场所，一个企业最多可建4个厂房，厂房既可以买也可以租赁，有大小厂房之分，价值不同，大小厂房的购买上限都是3个。大厂房最多安装4条生产线，小厂房最多安装3条生产线。

厂房信息如表3-6所示。

表3-6　厂房信息

厂房	购买价格	租金	出售价格	容量	购买上限
大厂房	30W	4W/年	30W	4条	3个
小厂房	20W	3W/年	20W	3条	3个

(1) 租用或购买厂房可以在任何季度进行。如果决定租用厂房或厂房买转租，租金在开始租用时交付，租期1年。

(2) 厂房租入后，租期结束才可做租转买、退租等处理，如果没有重新选择，系统将自动做续租处理，租金在"当季结束"时和"行政管理费"一并扣除。

(3) 若需新建生产线，则厂房需有空闲空间。

(4) 当厂房中没有生产线时，才可以选择退租。

(5) 厂房合计购/租上限为4。

(6) 已购厂房随时可以按原值出售，获得账期为4Q的应收款。

◇ **做一做** ◇

第二年第二季度，由于企业生产经营前景非常好，打算扩大生产经营规模，需要租赁一个大厂房，如何操作？

◇ **给点建议** ◇

租金在第二年第二季度开始租用时交付，租期一年。厂房租入后，租期结束可考虑租转买或退租处理。如果没有重新选择，系统将自动做续租处理，租金在"当季结束"时和"行政管理费"一并扣除。

3.3.2 购置生产线

生产线规则

目前，市场上有手工线、半自动线、自动线和柔性线4种生产线。

(1) 生产线只能购买，不能公司间转让和出售。

(2) 购买生产线必须一次支付所有费用，手工生产线支付设备款后就可以开始使用；半自动生产线要等到下一季生产线到位才可开始生产；自动线的安装周期为3个季度，即从购入后的第四个季度才可开始生产；柔性线的安装周期为4个季度，即从购入后的第五个季度才可开始生产。

(3) 生产线上的格子代表生产周期，每条生产线上最多只能有一个在制品。

(4) 生产线可以卖给设备供应商，售价按照残值计算，不论何时出售生产线，从生产线净值中取出相当于残值的部分计入现金，净值与残值之差计入损失。

(5) 生产线可以生产任何获得生产资格证的产品。

(6) 只有空闲的生产线方可转产，手工线和柔性线无转产周期，无须缴纳转产费，半自动线和自动线转产需要1个季度，并需缴纳2W的转产费用。

(7) 已建成的生产线都要交维修费。

生产线信息如表3-7所示。

表3-7 生产线信息

生产线	购置费	安装周期	生产周期	维修费	残值	转产周期	转产费
手工线	5W	无	3Q	0	2W	无	无
半自动线	10W	1Q	2Q	1W/年	2W	1Q	2W
自动线	15W	3Q	1Q	2W/年	3W	1Q	2W
柔性线	20W	4Q	1Q	2W/年	4W	无	无

折旧规则

生产线的折旧都采用平均年限法。

(1) 生产线建成第一年(当年)不计提折旧。

(2) 当生产线净值等于残值时,该生产线不提折旧。已经折旧完成的生产线,仍然可以使用。手工线1W/年,半自动线2W/年,自动线3W/年,柔性线4W/年。

生成线折旧信息如表3-8所示。

表3-8 生产线折旧信息

生产线	购置费	残值	建成第一年	建成第二年	建成第三年	建成第四年	建成第五年
手工线	5W	1W	0	1W	1W	1W	1W
半自动线	10W	2W	0	2W	2W	2W	2W
自动线	15W	3W	0	3W	3W	3W	3W
柔性线	20W	4W	0	4W	4W	4W	4W

3.3.3 计算产品成本

生产规则

产品构成如表3-9所示。

表3-9 产品构成

名称	加工费	产品组成
P1	1W/个	R1
P2	1W/个	R2+R3
P3	1W/个	R1+R3+R4
P4	1W/个	R2+R3+2R4

◇ **做一做** ◇

尝试计算1个P4产品的直接成本。

◇ **给点建议** ◇

根据采购规则计算,购买1个R1、1个R2、1个R3、1个R4分别需要资金1W,P4=R2+R3+2R4,因此,一个P4的材料成本为4W,再加上1W的加工费用,一个P4的直接成本为5W。

产品直接成本如表3-10所示。

表3-10 产品直接成本

名称	加工费	产品组成	直接成本
P1	1W/个	R1	2W/个
P2	1W/个	R2+R3	3W/个

(续表)

名称	加工费	产品组成	直接成本
P3	1W/个	R1+R3+R4	4W/个
P4	1W/个	R2+R3+2R4	5W/个

3.3.4 研发产品

企业进行单一产品的生产，竞争力会随着科学技术的进步和市场的饱和而不断下降。因此，要保持企业持续发展，就要不断创新，研发适应市场需求的新产品。

产品研发

研发规则

若要想生产某种产品，则需先获得该产品的生产许可证，而要获得生产许可证，则必须经过产品研发。因此，P1、P2、P3、P4产品都需要研发后才能获得生产许可。研发需要分期投入研发费用。

(1) 开发投入分期进行，每季度进行一次，投入1W，开发中可以随时中断和延续，不允许超前或集中投入。

(2) 投资不能回收。

(3) 产品资格证不允许转让。

产品研发周期和费用信息如表3-11所示。

表3-11 产品研发周期和费用信息

名称	研发投资	研发周期	研发总费用
P1	1W/季度	2季(Q)	2W
P2	1W/季度	3季(Q)	3W
P3	1W/季度	4季(Q)	4W
P4	1W/季度	5季(Q)	5W

产品研发示意图如图3-3所示。

图 3-3 产品研发示意图

◇ **做一做** ◇

如果第二季度开始研发P2产品，那么什么时候可以投入生产？研发资金需要多少？

◇ **给点建议** ◇

根据产品研发规则，P2产品的研发周期为3个季度，第二季度开始研发，连续研发3个季度，第二年的第一季度才可以投入生产，每个季度投入1W，总的研发费用为3W。

3.3.5 ISO认证

ISO认证规范了企业内的所有过程，牵涉企业内从最高管理层到最基层的全体员工。推行ISO是提升公司管理业绩的重要措施，取得ISO认证资格会在很大程度上提升企业的竞争力。因此，为了企业更好地发展，加油吧！

认证规则

企业发展需要的ISO认证有两种，分别是ISO9000和ISO14000。

(1) 两项认证投资可同时进行或延期，认证投入分期进行，只能在每年第四季度操作一次，ISO9000认证每年投入1W，ISO14000认证每年投入2W。

(2) 认证中可以随时中断和延续，不允许超前或集中投入。

(3) 认证投资不能回收。

(4) 认证资格证不允许转让。

ISO认证信息如表3-12所示。

表3-12 ISO认证信息

ISO认证	认证投资费用	时间	认证总费用
ISO9000	1W/年	2年	2W
ISO14000	2W/年	2年	4W

3.4 财务总监

财务总监主要负责的是财务方面的工作，管理企业的资金活动，控制资金的往来，可以说管理好了企业的资金，就管理好了企业身上的"血液"流动，企业就会健康发展。作为财务总监的你肩上的担子非比寻常，努力吧！

3.4.1 筹集资金

融资规则

常规融资渠道有长期贷款和短期贷款。长期贷款利息高，还款周期长；短期贷款利息稍低，灵活性高。

(1) 长期贷款期限为1～5年，短期贷款期限为4个季度(1年)。

(2) 长期贷款借入当年不付息，第二年年初开始，每年按年利率支付利息，到期还本时，支付最后一年利息。

(3) 短期贷款到期时，一次性还本付息。

(4) 长期贷款和短期贷款均不可提前还款。

(5) 长期贷款和短期贷款合计不超过上一年所有者权益的3倍，不低于10W。

(6) 贷款利息四舍五入取整。

贷款条款如表3-13所示。

表3-13　贷款条款

贷款类型	贷款时间	贷款额度	年息	还款方式
长期贷款	每年度初	所有贷款不超过上一年所有者权益的3倍，不低于10W	10%	年初付息到期还本
短期贷款	每季度初	所有贷款不超过上一年所有者权益的3倍，不低于10W	5%	到期一次还本付息

财务中心示意图如图3-4所示。

图 3-4　财务中心示意图

◇ 做一做 ◇

企业上一年度所有者权益为60W，短期贷款合计20W，长期贷款合计40W。思考：企业最多还能向银行借多少款？

◇ 给点建议 ◇

根据贷款融资规则，长期贷款和短期贷款合计不超过上一年所有者权益的3倍，该企业贷款上限为60×3，即180W。目前企业长短贷合计为20+40=60(W)，因此，企业最多还能向银行借款=180-60=120(W)。

3.4.2　支付各种费用

企业要正常运营就必然发生相关的支出。这些支出构成了企业日常的费用。

费用规则

企业在日常生产经营过程中会发生各种费用，包括行政管理、市场开拓、产品研发、ISO认证、广告、生产线转产、设备维修、厂房租金等费用，这些费用计入综合费用，如图3-5所示。

图 3-5 综合费用示意图

综合归纳各种费用如表3-14所示。

表3-14 综合归纳各种费用

项目	支付时间	支付金额
管理费	每一季度	1W
广告费	每年年初	自定
维修费	每年年末	1W/条
租金	1. 开始租用时交付； 2. 续租租金在"当季结束"时和"行政管理费"一并扣除	大厂房4W/年 小厂房3W/年
转产费	生产线转产时	半自动线2W 自动线2W
市场准入	开拓年年末	1W/年
ISO资格认证	开拓年年末	ISO9000 1W/年 ISO14000 2W/年
产品研发	开始研发时	1W/季度
损失	损失发生时	视损失情况而定

3.4.3 计算应交所得税

企业挣得了红利，即利润，就要通过交税的方式"回报"国家。

所得税规则

实际计算企业所得税时，首先考虑弥补以前年度连续前五年亏损后再缴纳企业所得税，因此税金可计算如下。

税金=税前利润弥补以前年度连续前五年亏损后金额×0.25

如果补亏后利润为负，应交税金为零，补亏后利润为正，按实际计算结果交税，结果四舍五入取整。

◇ 做一做 ◇

企业运营过程中第一年至第四年盈利情况如表3-15所示。尝试计算该企年第一年至第四年应缴纳的企业所得税。

表3-15　第一年至第四年盈利情况

年份	第一年	第二年	第三年	第四年
净利润	−20W	5W	10W	30W
所得税				

◇ **给点建议** ◇

根据所得税规则计算企业所得税时，首先考虑弥补以前年度连续前五年亏损后再缴纳企业所得税。第一年亏损20W，无须交税；第二年盈利5W，不足以弥补上一年度亏损，无须交税，还有15W亏损待弥补；第三年盈利10W，不足以弥补以前两个年度的亏损，还有5W亏损待弥补；第四年盈利30W，弥补以前三个年度的总亏损5W后，盈利25W，因此第四年应纳所得税=(30−5)×25%=6.25(W)，四舍五入取整数，第四年交税金额为6W。

第一年至第四年交税情况如表3-16所示。

表3-16　第一年至第四年交税情况

年份	第一年	第二年	第三年	第四年
净利润	−20W	5W	10W	30W
所得税	0	0	0	(30−5)×0.25=6.25(W) 四舍五入后为6W

3.4.4　处理异常情况

企业在经营过程中会遇到一些紧急情况，例如，资金不足时，常规的融资渠道即向银行贷款的额度已满，这种情况下我们可以运用非常规融资渠道。非常规融资渠道有应收账款贴现、出售库存、变卖固定资产等。应收账款是企业变现能力最强的流动资产，但要支付高额的贴现费用。库存流动性仅次于应收账款，但是出售库存不仅会产生损失而且会影响企业正常的生产活动。厂房买转租可以获得4账期应收款贴现金额，但要支付高额的贴现利息和租金，才能开展正常生产活动。

非常规融资渠道信息如表3-17所示。

表3-17　非常规融资渠道信息

贷款类型	贷款时间	贷款额度	年息	还款方式
资金贴现	任何时间	视应收款额	10%(1、2季) 12.5%(3、4季)	变现时贴息，可对1、2季应收款联合贴现(3、4季同理)。贴现费用向上取整
库存拍卖		原材料八折(向下取整)，成品按成本价		
变卖固定资产		出售厂房取得4个账期的应收款		

(1) 应收款变现可联合贴息，即对1、2季应收款联合贴现，3、4季应收款联合贴现。

(2) 原材料打八折(向下取整)出售。例如，出售2个原材料获得2×0.8=1.6W≈1(W)。

(3) 出售产成品按产品的成本价计算。例如，出售1个P2获得1×3=3(W)。

(4) 厂房出售得到4个账期的应收款，紧急情况下可进行厂房贴现(4季贴现)直接得到现金，如厂房中有生产线，同时要扣租金。

◇ 做一做 ◇

企业某个时点应收款信息如表3-18所示，此时企业急需20W现金，打算采用应收款贴现取得。思考：如何贴现效果更好？

表3-18　企业某个时点应收款信息

周期	1期	2期	3期	4期
贴现率	10%	10%	12.5%	12.5%
应收款金额	23W	28W	18W	28W

◇ 给点建议 ◇

根据应收款贴现规则，变现时可对1、2季应收款联合贴现，3、4季应收款联合贴现。比较贴现率高低时，要先考虑1、2季应收款贴现。贴现费用=应收款×贴现率，且向上取整；贴现金额=应收款-贴现费用。1、2季应收款为21W～30W。贴现计算如表3-19所示。

表3-19　1、2季应收款21W~30W贴现计算表

单位：W

应收款	21	22	23	24	25	26	27	28	29	30
贴现费用	3	3	3	3	3	3	3	3	3	3
贴现金额	18	19	20	21	22	23	24	25	26	27

由表3-19可以看出，1、2季应收款21W～30W的贴现费用是一样的，因此，综合考虑应收款回收时间，我们可以考虑采用2季28W、1季2W进行联合贴现。这样既满足了企业资金使用需求，又相当于提前收回7W现金。

3.5　总经理

总经理(CEO)是企业职务最高的管理者与负责人，其不但要有号召力和凝聚力，还要熟知所有的经营规则和业务流程。

制定发展战略

一个企业的CEO必须有战略意识，一家公司的生存和发展必须有方向、有目标，CEO的决策很大程度上决定了公司的方向和目标。战略的制定基于对未来的预期，因此，CEO应培养战略意识，包括精锐的眼光和敏锐的洞察力，及时有效地做出正确的预测，为公司的生存与发展指明方向。CEO应既能预测未来，又能立足现实。行动起来吧，带领你的团队创造属于你们的辉煌！

模块 4 初试经营模拟企业

思政导入

深刻领会市场体系建设思想，弘扬新时代企业精神

我国不断深化要素市场化改革，建设高标准市场体系。完善产权保护、市场准入、公平竞争、社会信用等市场经济基础制度，优化营商环境。健全宏观经济治理体系，发挥国家发展规划的战略导向作用，加强财政政策和货币政策协调配合，增强消费对经济发展的基础性作用和投资对优化供给结构的关键作用。

在现代社会要求企业扮演好社会公民的角色，自觉按照有关法律、法规的规定，合法经营、照章纳税，承担政府规定的其他责任和义务，并接受社会的监督和依法干预。作为企业的员工，我们要在工作的过程中弘扬劳动精神、奋斗精神、奉献精神、创造精神、勤俭节约精神，展现时代新风新貌。弘扬诚信文化，发挥典型示范作用，推动全社会见贤思齐、崇尚英雄、争做先锋。

定个目标

- 独立运营与管理企业
- 熟练掌握物理沙盘和电子沙盘的操作
- 正确编制三表

做中学

4.1 模拟企业经营(物理盘)

第一年的运营是在老师的带领下进行的，目的是让大家感受一下运营的方式和规则，所以一定要在老师的指导下，按照运营记录(见附录)填写各项数据。

我们根据股东投资的65W，从银行取得65W资金，放入现金池。

初始资金如图4-1所示。

图 4-1　初始资金

4.1.1　认知年初六项工作

1. 广告投放

企业要生存，必须在激烈的市场竞争中扩大自己的知名度，占领市场，所以要投入一定的广告。如果有广告投放，则从现金池取出相应金额，放到"广告费"处，并在第一季度运行记录1(见表4-1)中的"广告投放"处填写相应金额；如无广告则略过，在运行记录1中的对应格中画斜线。

广告投放如图4-2所示。

图 4-2　广告投放

2. 参加订货会选订单/登记订单

参加订货会并选取订单后，在订单登记表中登记订单。

3. 支付应付税

按照上年税前利润的25%支付所得税，从现金池取出相应金额，放到"税金"处，如图4-3所示，并在运行记录1中的"支付应付税"处填写相应金额；如无所得税则略过，在运行记录1中的对应格中画斜线。

图 4-3　支付应付税

4. 支付长贷利息

根据前面各年所贷长期贷款之和，按照10%支付长贷利息，从现金池取出相应金额，放到"利息"处，如图4-4所示，并在运行记录1中的"支付长贷利息"处填写相应金额；如无长贷利息则略过，在运行记录1中的对应格中画斜线。

图 4-4　支付长贷利息

5. 更新长期贷款/长期贷款还款

将前面各年所贷长期贷款依次向前移动一格，如果有到期的长期贷款则从现金池中拿出相应资金，交给银行；如无则略过，在运行记录1中的对应格中画斜线。

6. 申请长期贷款

申请5年期限的长期贷款20W，从银行取得20W资金放入现金池，取一个空桶代表20W长期贷款，放到长期贷款FY5处，如图4-5所示，并在运行记录1中的"申请长期贷款"处填写"20"。

图 4-5　取得长期贷款

4.1.2 认知季度十九项工作

第一季度

1. 季初盘点

盘点现金池中的现金,在第一季度运行记录1(见表4-1)中的"季初盘点"处填写"85"。

2. 更新短期贷款/短期贷款还本付息

将前面各年所贷短期贷款依次向前移动一格,如果有到期的短期贷款则从现金池中拿出相应资金(本金+利息)交给银行;如无则略过,在运行记录1中的对应格中画斜线。

3. 申请短期贷款

申请短期贷款20W,从银行取得20W资金放入现金池,取一个空桶代表20W短期贷款,放到短期贷款Q4处,并在运行记录1中的"申请短期贷款"处填写"20"。

申请短期贷款如图4-6所示。

图4-6 申请短期贷款

4. 原材料入库/更新原料订单

将原料订单向前移动一格,如有原材料到货,则将相应的费用从现金池取出,支付给供应商,并且从供应商处取得相应原材料放入对应原材料库;如无则略过,在运行记录1中的对应格中画斜线。

5. 下原料订单

根据生产需要,向供应商订购所需原材料,并将对应数量的空桶放到原料订单处;如无则略过,在运行记录1中的对应格中画斜线。

6. 购买/租用一厂房

购买一个大厂房,从现金池取出30W放到厂房处,摆放"大厂房"标识,并在运行记录1中的"购买/租用一厂房"处填写"-30"。

购买厂房如图4-7所示。

图4-7 购买厂房

7. 更新生产/完工入库

将生产线上的产品向前移动一格,如果有完工产品,则从生产线上移到相应的产品库中;如无则略过,在运行记录1中的对应格中画斜线。

8. 新建/在建/转产/变卖——生产线

新建2条手工线生产P1,取得2条手工线放到大厂房内的生产线位置上,从现金池中分别取得各5W现金,摆放到手工线的"生产线净值"处,并且摆放产品标识"P1",在运行记录1中的"新建/在建/转产/变卖——生产线"处填写"-10"。

新建生产线如图4-8所示。

图4-8 新建生产线

9. 紧急采购

如果因材料不足，无法生产，或者库存产品不足，无法交货，可以随时进行紧急采购；如无则略过，在运行记录1中的对应格中画斜线。

10. 开始下一批生产

按照生产计划开始下一批生产；如无则略过，在运行记录1中的对应格中画斜线。

11. 更新应收款/应收款收现

将各季度的应收款向前移动一格，如果有到期的应收款，则放入现金池；如无则略过，在运行记录1中的对应格中画斜线。

12. 按订单交货

按照所取得的订单交货，将产品交给客户，并从银行取得相应现金放到现金池或应收款处；如无则略过，在运行记录1中的对应格中画斜线。

13. 产品研发投资

根据制订的计划研发1季P1产品，从现金池取得1W放到"P1生产资格"处，如图4-9所示，在运行记录1中的"产品研发投资"处填写"-1"。

图4-9 产品研发投资

14. 厂房—出售(买转租)/退租/租转买

如果有"厂房—出售(买转租)/退租/租转买"操作，可在此进行；如无则略过，在运行记录1中的对应格中画斜线。

15. 新市场开拓/ISO资格投资

此项操作只能在第四季度进行。

16. 支付管理费/更新厂房租金

支付行政管理费1W，从现金池取得1W放到"管理费"处，如图4-10所示，在运行记录1中的"支付管理费"处填写"-1"。如果续租厂房，则将相应厂房租金摆放到"租金"处。

图 4-10　支付管理费

17. 季末收入合计

将本季度所有收入计算后,在运行记录1中的"季末收入合计"处填写"20"。

18. 季末支出合计

将本季度所有支出计算后,在运行记录1中的"季末支出合计"处填写"42"。

19. 季末数额对账

将本季度所有收入减去本季度所有支出,计算后,在运行记录1中的"季末数额对账"处填写"63"。

第一季度运行记录1如表4-1所示。

表4-1　第一季度运行记录1

	手工操作流程	系统操作	手工记录		
年初	新年度规划会议				
	广告投放	输入广告费并确认			
	参加订货会和竞单会/登记订单	选单	√		
	支付应付税	系统自动			
	支付长贷利息	系统自动			
	更新长期贷款/长期贷款还款	系统自动			
	申请长期贷款	输入贷款数额并确认	20		
1	季初盘点(请填余额)	产品下线,生产线完工(自动)	85		
2	更新短期贷款/短期贷款还本付息	系统自动			
3	申请短期贷款	输入贷款数额并确认	20		
4	原材料入库/更新原料订单	需要确认金额			
5	下原料订单	输入并确认			
6	购买/租用—厂房	选择并确认,自动扣现金	-30		
7	更新生产/完工入库	系统自动			
8	新建/在建/转产/变卖—生产线	选择并确认	-10		
9	紧急采购(随时进行)	随时进行输入并确认			
10	开始下一批生产	选择并确认			
11	更新应收款/应收款收现	需要输入到期金额			
12	按订单交货	选择交货订单并确认			
13	产品研发投资	选择并确认	-1		
14	厂房—出售(买转租)/退租/租转买	选择并确认,自动转应收款			
15	新市场开拓/ISO资格投资	仅第四季允许操作			

(续表)

手工操作流程		系统操作	手工记录	
16	支付管理费/更新厂房租金	系统自动	-1	
17	出售库存	输入并确认(随时进行)		
18	厂房贴现	随时进行		
19	应收款贴现/信息费	输入并确认(随时进行)		
20	季末收入合计		20	
21	季末支出合计		42	
22	季末数额对账[(1)+(20)-(21)]		63	
年末	缴纳违约订单罚款	系统自动		
	支付设备维护费	系统自动		
	计提折旧	系统自动		( )
	新市场/ISO资格换证	系统自动		
	结账			

第二季度

1. 季初盘点

盘点现金池中的现金,在第二季度运行记录1(见表4-2)中的"季初盘点"处填写"63"。

2. 更新短期贷款/短期贷款还本付息

将前面各年所贷短期贷款依次向前移动一格,如图4-11所示。

图4-11 更新短期贷款

3. 申请短期贷款

本季无操作,在运行记录1中的对应格中画斜线。

4. 原材料入库/更新原料订单

本季无操作,在运行记录1中的对应格中画斜线。

5. 下原料订单

订购3个R1原材料，取出3个空桶，摆放到R1原材料订单处。在运行记录1中的"下原料订单"R1处打"√"。

下原料订单如图4-12所示。

图4-12　下原料订单

6. 购买/租用—厂房

本季无操作，在运行记录1中的对应格中画斜线。

7. 更新生产/完工入库

本季无操作，在运行记录1中的对应格中画斜线。

8. 新建/在建/转产/变卖—生产线

新建1条全自动线生产P3，取得1条全自动线，正面朝下摆放到大厂房内的生产线位置上。从现金池取5W现金摆放到全自动线上，表示还未建成，并且摆放产品标识"P3"。在运行记录1中的"新建/在建/转产/变卖—生产线"处填写"-5"。

新建生产线如图4-13所示。

图4-13　新建生产线

9. 紧急采购
本季无操作，在运行记录1中的对应格中画斜线。

10. 开始下一批生产
本季无操作，在运行记录1中的对应格中画斜线。

11. 更新应收款/应收款收现
本季无操作，在运行记录1中的对应格中画斜线。

12. 按订单交货
本季无操作，在运行记录1中的对应格中画斜线。

13. 产品研发投资
根据制订的计划研发1季P1和P3产品，从现金池分别取得各1W放到"P1生产资格"处和"P3生产资格"处，如图4-14所示。在运行记录1中的"产品研发投资"处填写"-2"。

图4-14　产品研发投资

14. 厂房—出售(买转租)/退租/租转买
本季无操作，在运行记录1中的对应格中画斜线。

15. 新市场开拓/ISO资格投资
此项操作只能在第四季度进行。

16. 支付管理费/更新厂房租金
支付行政管理费1W，从现金池取1W放到"管理费"处，并在运行记录1中的"支付管理费"处填写"-1"。如果续租厂房，则将相应厂房租金摆放到"租金"处。

支付管理费如图4-15所示。

图4-15　支付管理费

17. 季末收入合计

将本季度所有收入计算后，在运行记录1中的"季末收入合计"处填写"0"。

18. 季末支出合计

将本季度所有支出计算后，在运行记录1中的"季末支出合计"处填写"8"。

19. 季末数额对账

将本季度所有收入减去本季度所有支出，计算后，在运行记录1中的"季末数额对账"处填写"55"。

第二季度运行记录1如表4-2所示。

表4-2　第二季度运行记录1

		手工操作流程	系统操作	手工记录		
年初		新年度规划会议				
		广告投放	输入广告费并确认			
		参加订货会和竞单会/登记订单	选单	√		
		支付应付税	系统自动			
		支付长贷利息	系统自动			
		更新长期贷款/长期贷款还款	系统自动			
		申请长期贷款	输入贷款数额并确认	20		
1		季初盘点(请填余额)	产品下线，生产线完工(自动)	85	63	
2		更新短期贷款/短期贷款还本付息	系统自动	√		
3		申请短期贷款	输入贷款数额并确认	20		
4		原材料入库/更新原料订单	需要确认金额			
5		下原料订单	输入并确认	√		
6		购买/租用—厂房	选择并确认，自动扣现金	-30		
7		更新生产/完工入库	系统自动			
8		新建/在建/转产/变卖—生产线	选择并确认	-10	-5	
9		紧急采购(随时进行)	随时进行输入并确认			
10		开始下一批生产	选择并确认			
11		更新应收款/应收款收现	需要输入到期金额			
12		按订单交货	选择交货订单并确认			
13		产品研发投资	选择并确认	-1	-2	
14		厂房—出售(买转租)/退租/租转买	选择并确认，自动转应收款			
15		新市场开拓/ISO资格投资	仅第四季允许操作			
16		支付管理费/更新厂房租金	系统自动	-1	-1	
17		出售库存	输入并确认(随时进行)			
18		厂房贴现	随时进行			
19		应收款贴现/信息费	输入并确认(随时进行)			
20		季末收入合计		20	0	
21		季末支出合计		42	8	
22		季末数额对账[(1)+(20)-(21)]		63	55	

(续表)

手工操作流程		系统操作	手工记录
年末	缴纳违约订单罚款	系统自动	
	支付设备维护费	系统自动	
	计提折旧	系统自动	( )
	新市场/ISO资格换证	系统自动	
	结账		

第三季度

1. 季初盘点

盘点现金池中的现金，在第三季度运行记录1(见表4-3)中的"季初盘点"处填写"55"。

2. 更新短期贷款/短期贷款还本付息

将前面各年所贷短期贷款依次向前移动一格。更新短期贷款如图4-16所示。在运行记录1中的"更新短期贷款/短期贷款还本付息"处打"√"。

图4-16　更新短期贷款

3. 申请短期贷款

本季无操作，在运行记录1中的对应格中画斜线。

4. 原材料入库/更新原料订单

上季度订购的3个R1原材料到货，将3个R1订单的空桶移动到R1原材料库，放入3个R1红色币，从现金池支付3W给供应商，并在运行记录1中的"原材料入库/更新原料订单"处填写"-3"。

原料订单到货及支付原料款如图4-17和图4-18所示。

图 4-17 原料订单到货

图 4-18 支付原料款

5. 下原料订单

订购R1、R2、R3、R4原材料各1个，取出4个空桶，分别摆放到R1、R2、R3、R4原材料订单处，在运行记录1的"下原料订单"处打"√"。

下原料订单如图4-19所示。

图 4-19 下原料订单

6. 购买/租用一厂房

本季无操作，在运行记录1中的对应格中画斜线。

7. 更新生产/完工入库

本季无操作，在运行记录1中的对应格中画斜线。

8. 新建/在建/转产/变卖一生产线

在建全自动线生产，从现金池取5W现金摆放到全自动线上，在运行记录1中的"新建/在建/转产/变卖一生产线"处填写"-5"。

在建生产线如图4-20所示。

图4-20　在建生产线

9. 紧急采购

本季无操作，在运行记录1中的对应格中画斜线。

10. 开始下一批生产

季初获取P1生产资格证，手工线生产2个P1产品，将原材料R1分别放置在手工线"3"处，并且从现金池取2W资金分别放置在R1桶内，在运行记录1中的"开始下一批生产"处填写"-2"。

开始下一批生产如图4-21所示。

图 4-21　开始下一批生产

11. 更新应收款/应收款收现

本季无操作,在运行记录1中的对应格中画斜线。

12. 按订单交货

本季无操作,在运行记录1中的对应格中画斜线。

13. 产品研发投资

根据制订的计划研发1季P3产品,从现金池取1W放到"P3生产资格"处,在运行记录1中的"产品研发投资"处填写"–1"。

产品研发投资如图4-22所示。

图 4-22　产品研发投资

14. 厂房——出售(买转租)/退租/租转买

本季无操作,在运行记录1中的对应格中画斜线。

15. 新市场开拓/ISO资格投资

此项操作只能在第四季度进行。

16. 支付管理费/更新厂房租金

支付行政管理费1W,从现金池取1W放到"管理费"处,在运行记录1中的"支付管理费"处填写"-1"。如果续租厂房,则将相应厂房租金摆放到"租金"处。

支付管理费如图4-23所示。

图4-23 支付管理费

17. 季末收入合计

将本季度所有收入计算后,在运行记录1中的"季末收入合计"处填写"0"。

18. 季末支出合计

将本季度所有支出计算后,在运行记录1中的"季末支出合计"处填写"12"。

19. 季末数额对账

将本季度所有收入减去本季度所有支出,计算后,在运行记录1中的"季末数额对账"处填写"43"。

第三季度运行记录1如表4-3所示。

表4-3 第三季度运行记录1

		手工操作流程	系统操作	手工记录		
年初		新年度规划会议				
		广告投放	输入广告费并确认			
		参加订货会和竞单会/登记订单	选单	√		
		支付应付税	系统自动			
		支付长贷利息	系统自动			
		更新长期贷款/长期贷款还款	系统自动			
		申请长期贷款	输入贷款数额并确认	20		
	1	季初盘点(请填余额)	产品下线,生产线完工(自动)	85	63	55
	2	更新短期贷款/短期贷款还本付息	系统自动		√	√
	3	申请短期贷款	输入贷款数额并确认	20		
	4	原材料入库/更新原料订单	需要确认金额			-3
	5	下原料订单	输入并确认		√	√
	6	购买/租用—厂房	选择并确认,自动扣现金	-30		
	7	更新生产/完工入库	系统自动			

(续表)

	手工操作流程	系统操作	手工记录		
8	新建/在建/转产/变卖—生产线	选择并确认	-10	-5	-5
9	紧急采购(随时进行)	随时进行输入并确认			
10	开始下一批生产	选择并确认			-2
11	更新应收款/应收款收现	需要输入到期金额			
12	按订单交货	选择交货订单并确认			
13	产品研发投资	选择并确认	-1	-2	-1
14	厂房—出售(买转租)/退租/租转买	选择并确认,自动转应收款			
15	新市场开拓/ISO资格投资	仅第四季允许操作			
16	支付管理费/更新厂房租金	系统自动	-1	-1	-1
17	出售库存	输入并确认(随时进行)			
18	厂房贴现	随时进行			
19	应收款贴现/信息费	输入并确认(随时进行)			
20	季末收入合计		20	0	0
21	季末支出合计		42	8	12
22	季末数额对账[(1)+(20)-(21)]		63	55	43
年末	缴纳违约订单罚款	系统自动			
	支付设备维护费	系统自动			
	计提折旧	系统自动		( )	
	新市场/ISO资格换证	系统自动			
	结账				

第四季度

1. 季初盘点

盘点现金池中的现金,在第四季度运行记录1(见表4-4)中的"季初盘点"处填写"43"。

2. 更新短期贷款/短期贷款还本付息

将前面各年所贷短期贷款依次向前移动一格。更新短期贷款如图4-24所示。在运行记录1中的"更新短期贷款/短期贷款还本付息"处打"√"。

图4-24 更新短期贷款

3. 申请短期贷款

申请短期贷款20W，从银行取20W资金放入现金池，取一个空桶代表20W短期贷款，放到短期贷款Q4处，如图4-25所示，并在运行记录1中的"申请短期贷款"处填写"20"。

图 4-25　申请短期贷款

4. 原材料入库/更新原料订单

上季度订购的R1和R2原材料到货，将R1和R2订单的空桶移动到原材料库，放入1个R1红色币和1个R2橙色币，从现金池支付2W给供应商，将R3和R4订单的空桶向前移动一格，并在运行记录1中的"原材料入库/更新原料订单"处填写"-2"。

原材料入库/更新原料订单如图4-26所示。

图 4-26　原材料入库/更新原料订单

5. 下原料订单

订购R3、R4原材料各1个，取出2个空桶，分别摆放到R3、R4原材料订单处，在运行记录1中的"下原料订单"处打"√"。

下原料订单如图4-27所示。

6. 购买/租用一厂房

本季无操作，在运行记录1中的对应格中画斜线。

图 4-27　下原料订单

7. 更新生产/完工入库

将手工线上的P1产品向前移动一格。更新生产/完工入库如图4-28所示。在运行记录1中的"更新生产/完工入库"处画斜线。

图 4-28　更新生产/完工入库

8. 新建/在建/转产/变卖—生产线

在建全自动线生产，从现金池取5W现金摆放到全自动线上，如图4-29所示，在运行记录1中的"新建/在建/转产/变卖—生产线"处填写"-5"。

图 4-29　在建生产线

9. 紧急采购

本季无操作，在运行记录1中的对应格中画斜线。

10. 开始下一批生产

本季无操作，在运行记录1中的对应格中画斜线。

11. 更新应收款/应收款收现

本季无操作，在运行记录1中的对应格中画斜线。如果有应收款则向前移动一格；如果应收款在一账期则移动到现金池中。

更新应收款/应收款收现如图4-30所示。

图 4-30　更新应收款/应收款收现

12. 按订单交货

本季无操作，在运行记录1中的对应格中画斜线。如果有交货则从产品库中取出相应产品交于客户，取得对应现金放入现金池或取得对应应收款在相应账期处。

按订单交货如图4-31所示。

图 4-31　按订单交货

13. 产品研发投资

根据制订的计划研发1季P3产品，从现金池取1W放到"P3生产资格"处，在运行记录1中的"产品研发投资"处填写"-1"。

产品研发投资如图4-32所示。

图4-32 产品研发投资

14. 厂房—出售(买转租)/退租/租转买

本季无操作,在运行记录1中的对应格中画斜线。

15. 新市场开拓/ISO资格投资

新市场和ISO全部研发,从现金池取8W分别放到"各个市场和ISO"处,在运行记录1中的"新市场开拓/ISO资格投资"处填写"-8"。

新市场开拓/ISO认证如图4-33所示。

图4-33 新市场开拓/ISO认证

16. 支付管理费/更新厂房租金

支付行政管理费1W,从现金池取1W放到"管理费"处,在运行记录1中的"支付管理费"处填写"-1"。如果续租厂房,则将相应厂房租金摆放到"租金"处。

支付管理费如图4-34所示。

图4-34 支付管理费

17. 季末收入合计

将本季度所有收入计算后，在运行记录1中的"季末收入合计"处填写"20"。

18. 季末支出合计

将本季度所有支出计算后，在运行记录1中的"季末支出合计"处填写"17"。

19. 季末数额对账

将本季度所有收入减去本季度所有支出，计算后，在运行记录1中的"季末数额对账"处填写"46"。

第四季度运行记录1如表4-4所示。

表4-4　第四季度运行记录1

		手工操作流程	系统操作	手工记录			
年初		新年度规划会议					
		广告投放	输入广告费并确认				
		参加订货会和竞单会/登记订单	选单	√			
		支付应付税	系统自动				
		支付长贷利息	系统自动				
		更新长期贷款/长期贷款还款	系统自动				
		申请长期贷款	输入贷款数额并确认	20			
	1	季初盘点(请填余额)	产品下线，生产线完工(自动)	85	63	55	43
	2	更新短期贷款/短期贷款还本付息	系统自动		√	√	√
	3	申请短期贷款	输入贷款数额并确认	20			20
	4	原材料入库/更新原料订单	需要确认金额			-3	-2
	5	下原料订单	输入并确认		√		
	6	购买/租用—厂房	选择并确认，自动扣现金	-30			
	7	更新生产/完工入库	系统自动				√
	8	新建/在建/转产/变卖—生产线	选择并确认	-10	-5	-5	-5
	9	紧急采购(随时进行)	随时进行输入并确认				
	10	开始下一批生产	选择并确认			-2	
	11	更新应收款/应收款收现	需要输入到期金额				
	12	按订单交货	选择交货订单并确认				
	13	产品研发投资	选择并确认	-1	-2	-1	-1
	14	厂房—出售(买转租)/退租/租转买	选择并确认，自动转应收款				
	15	新市场开拓/ISO资格投资	仅第四季允许操作				-8
	16	支付管理费/更新厂房租金	系统自动	-1	-1	-1	-1
	17	出售库存	输入并确认(随时进行)				
	18	厂房贴现	随时进行				
	19	应收款贴现/信息费	输入并确认(随时进行)				
	20	季末收入合计		20	0	0	20
	21	季末支出合计		42	8	12	17
	22	季末数额对账[(1)+(20)-(21)]		63	55	43	46

(续表)

	手工操作流程	系统操作	手工记录
年末	缴纳违约订单罚款	系统自动	
	支付设备维护费	系统自动	
	计提折旧	系统自动	
	新市场/ISO资格换证	系统自动	
	结账		

4.1.3 认知年末四项工作

1. 缴纳违约订单罚款

本季无操作，在第一年总体运行记录(见表4-5)中的对应格中画斜线。如果有违约没交货的订单，则按照违约金比例20%，用订单总金额乘以20%，四舍五入计算出违约金，从现金池取出相应违约金放到"其他"处，并且在运行记录1中的"缴纳违约订单罚款"处填写相应金额。

缴纳违约订单罚款如图4-35所示。

图 4-35　缴纳违约订单罚款

2. 支付设备维护费

本季无操作，在总体运行记录中的对应格中画斜线。如果有设备维护费，则从现金池取出相应设备维护费放到"维修费"处，并且在运行记录1中的"支付设备维护费"处填写相应金额。

支付设备维护费如图4-36所示。

图 4-36　支付设备维护费

3. 计提折旧

本季无操作，在总体运行记录中的对应格中画斜线。如果有设备需要计提折旧，则从生产线取出相应折旧费放到"折旧"处，并且在运行记录1中的"计提折旧"处填写相应金额。

计提折旧如图4-37所示。

图 4-37 计提折旧

4. 新市场/ISO资格换证

换取"本地市场"和"区域市场"的资格证,新市场最后进行结账工作,在总体运行记录中的"结账"处填写"46",完成本年操作。

新市场/ISO资格换证如图4-38所示。

图 4-38 新市场/ISO资格换证

第一年总体运行记录如表4-5所示。

表4-5 第一年总体运行记录

	手工操作流程	系统操作	手工记录			
年初	新年度规划会议					
	广告投放	输入广告费并确认				
	参加订货会和竞单会/登记订单	选单	√			
	支付应付税	系统自动				
	支付长贷利息	系统自动				
	更新长期贷款/长期贷款还款	系统自动				
	申请长期贷款	输入贷款数额并确认	20			
1	季初盘点(请填余额)	产品下线,生产线完工(自动)	85	63	55	43
2	更新短期贷款/短期贷款还本付息	系统自动		√	√	√
3	申请短期贷款	输入贷款数额并确认	20			20
4	原材料入库/更新原料订单	需要确认金额			-3	-2
5	下原料订单	输入并确认	√	√	√	
6	购买/租用一厂房	选择并确认,自动扣现金	-30			
7	更新生产/完工入库	系统自动				√
8	新建/在建/转产/变卖一生产线	选择并确认	-10	-5	-5	-5
9	紧急采购(随时进行)	随时进行输入并确认				

(续表)

	手工操作流程	系统操作	手工记录			
10	开始下一批生产	选择并确认			−2	
11	更新应收款/应收款收现	需要输入到期金额				
12	按订单交货	选择交货订单并确认				
13	产品研发投资	选择并确认	−1	−2	−1	−1
14	厂房—出售(买转租)/退租/租转买	选择并确认，自动转应收款				
15	新市场开拓/ISO资格投资	仅第四季允许操作				−8
16	支付管理费/更新厂房租金	系统自动	−1	−1	−1	−1
17	出售库存	输入并确认(随时进行)				
18	厂房贴现	随时进行				
19	应收款贴现/信息费	输入并确认(随时进行)				
20	季末收入合计		20	0	0	20
21	季末支出合计		42	8	12	17
22	季末数额对账[(1)+(20)−(21)]		63	55	43	46
年末	缴纳违约订单罚款	系统自动				
	支付设备维护费	系统自动				
	计提折旧	系统自动				
	新市场/ISO资格换证	系统自动				
	结账					46

4.1.4 处理异常情况

1. 紧急采购

如果下原材料订单失误，导致原材料不够预定生产的情况发生，则必须通过紧急采购原材料(成本2倍价格)来继续生产。如果因为排产失误，导致库存产品不够交货，则可以通过紧急采购产成品(成本3倍价格)来交货。

例如，预计生产2个P1产品，但是忘记下R1原材料订单，可紧急采购2个R1原材料。操作如下：紧急采购2个R1原材料，从供应商处得到2个R1原材料，放到R1原材料库中，从现金池取出4W资金，2个交予供应商作为材料款，另外2个放到"其他"处作为损失。

紧急采购如图4-39和图4-40所示。

图4-39 紧急采购2个R1原材料

图 4-40　紧急采购 2 个 R1 原材料损失

2. 出售库存

如果由于资金不足，资金链即将断裂，则可以出售库存换取资金，维持经营。其中，出售库存原材料为8折，出售库存产成品为原价。

例如，出售4个R1原材料。操作如下：将R1原材料库中的4个R1原材料交予供应商，换取3W资金放置于现金池，另外1W放置于"其他"处作为损失。

出售库存如图4-41和图4-42所示。

图 4-41　出售库存取得资金

图 4-42　出售库存损失

3. 应收款贴现

如果经营资金短缺，则可以将未到期的应收款贴现，换取资金，维持经营。其中，1、2期应收款贴现息为10%，3、4期应收款贴现息为12.5%。

例如，将未到期的2账期应收款20W贴现。操作如下：从未到期的2期应收款20W中取得2W作为贴现息，并放置于"贴息"处，另外18W放置于现金池。

应收款贴现如图4-43和图4-44所示。

图 4-43　支付贴现息

图 4-44　应收款贴现取得资金

4. 厂房贴现

如果经营资金短缺,则可以将所购置的厂房贴现,换取资金,维持经营。厂房贴现后,如果厂房内有生产线,则系统自动由购买转为租用,扣除租金,并将厂房资金作为未到期的4账期应收款贴现。

例如,将所购置的30W大厂房贴现。操作如下:将所购置的30W大厂房贴现,将大厂房处的30W资金取出4W放置于"租金"处,再取出4W作为贴现息放置于"贴息"处,另外22W放置于现金池。

厂房贴现如图4-45和图4-46所示。

图 4-45　厂房贴现支付租金和贴息

图 4-46　厂房贴现取得资金

4.2 模拟企业经营(电子盘)

同学们在老师的带领下运行了物理盘,大家感受了物理盘的运营方式和规则,下面在老师的指导下,共同运营电子盘,经营自己的企业。

首先登录注册,使用老师分配的组号,初始密码为1,登录自己的企业并填写相应信息,注册后单击"确认注册"按钮进入经营界面。

登录和注册窗口如图4-47和图4-48所示。

图 4-47　登录窗口

图 4-48　注册窗口

经营界面如图4-49所示。

图 4-49　经营界面

4.2.1　认知年初六项工作

1. 广告投放

企业要生存，必须在激烈的市场竞争中扩大自己的知名度，占领市场，因此要投入一定的广告。广告投放将在4.4节详细介绍。

2. 参加订货会选订单/登记订单

参加订货会并选取订单后，在订单登记表中登记订单。选取订单将在4.4节详细介绍。

3. 支付应付税

按照上年税前利润的25%支付所得税，系统自动从现金池取出相应金额放到"税金"处。

4. 支付长贷利息

根据前面各年所贷长期贷款之和，按照10%支付长贷利息，系统自动从现金池取出相应金额放到"利息"处。

5. 更新长期贷款/长期贷款还款

系统自动将前面各年所贷长期贷款依次向前移动，如果有到期的长期贷款则从现金池中拿出相应资金，交给银行。

6. 申请长期贷款

申请5年期限的长期贷款20W，单击"申请长贷"按钮，设置"需贷款年限"为5年，

"需贷款额"为20W，系统自动从银行取得20W资金放入现金池，并且记录5年期限的20W长期贷款，然后单击"当季开始"按钮，进入第一季度运营。

申请长贷界面如图4-50所示。

图 4-50　申请长贷界面

4.2.2　认知季度十九项工作

第一季度

第一季度运营

1. 季初盘点

系统自动盘点现金池中的现金。

2. 更新短期贷款/短期贷款还本付息

系统自动将前面各年所贷短期贷款依次向前移动，如果有到期的短期贷款则从现金池中拿出相应资金(本金+利息)交给银行；如无则略过，在运行记录1(见表4-1)中的对应格中画斜线。

3. 申请短期贷款

申请短期贷款20W，单击"申请短贷"按钮，设置"需贷款额"为20W，系统自动从银行取得20W资金放入现金池并记录20W的短期贷款，并且在运行记录1中的"申请短期贷款"处填写"20"。

申请短贷界面如图4-51所示。

4. 原材料入库/更新原料订单

单击"更新原料库"按钮，系统自动将原料订单向前移动，如有原材料到货，则将相应的费用从现金池取出并支付给供应商，并从供应商处取得相应原材料放入对应原材料库，然后进入第一季度运营界面；如无则略过，在运行记录1中的对应格中画斜线。

第一季度运营界面如图4-52所示。

图 4-51　申请短贷界面

图 4-52　第一季度运营界面

5. 下原料订单

根据生产需要，向供应商订购所需原材料；如无则略过，在运行记录1中的对应格中画斜线。

6. 购买/租用一厂房

购买一个大厂房，单击"购租厂房"按钮，"厂房类型"选择"大厂房"，"订购方式"选择"买"，系统自动从现金池取出30W放到空地处并摆放"大厂房"标识，在运行记录1中的"购买/租用—厂房"处填写"-30"。

购买/租用厂房界面如图4-53所示。

图 4-53　购买/租用厂房界面

7. 更新生产/完工入库

系统自动将生产线上的产品向前移动,如果有完工产品,则从生产线上移到相应的产品库中;如无则略过,在运行记录1中的对应格中画斜线。

8. 新建/在建/转产/变卖—生产线

新建2条手工线生产P1,单击"新建生产线"按钮,"所属厂房"选择"大厂房","类型"选择"手工线","生产产品"选择"P1",系统自动从现金池取5W现金摆放到手工线的"生产线净值"处,并且摆放产品标识"P1"。重复以上操作,继续购买另一条手工线,并在运行记录1中的"新建/在建/转产/变卖—生产线"处填写"-10"。

新建生产线如图4-54所示。

图 4-54 新建生产线

9. 紧急采购

如因材料不足,无法生产,或者库存产品不足,无法交货,则可以随时进行紧急采购;如无则略过,在运行记录1中的对应格中画斜线。

10. 开始下一批生产

按照生产计划开始下一批生产;如无则略过,在运行记录1中的对应格中画斜线。

11. 更新应收款/应收款收现

系统自动将各季度的应收款向前移动,如果有到期的应收款,则放入现金池;如无则略过,在运行记录1中的对应格中画斜线。单击"应收款更新"按钮,进入下一运营界面。

"应收款更新"后的界面如图4-55所示。

12. 按订单交货

按照所取得的订单交货,将产品交给客户,系统自动从银行取得相应现金放到现金池或应收款处;如无则略过,在运行记录1中的对应格中画斜线。

图 4-55 "应收款更新"后的界面

13. 产品研发投资

根据制订的计划研发1季P1产品,系统自动从现金池取1W放到"P1生产资格"处,在运行记录1中的"产品研发投资"处填写"-1"。

产品研发界面如图4-56所示。

图 4-56 产品研发界面

14. 厂房—出售(买转租)/退租/租转买

如果有"厂房—出售(买转租)/退租/租转买"操作,则可在此进行;如无则略过,在运行记录1中的对应格中画斜线。

15. 新市场开拓/ISO资格投资

此项操作只能在第四季度进行。

16. 支付管理费/更新厂房租金

支付行政管理费1W,系统自动从现金池取1W放到"管理费"处,在运行记录1中的"支付管理费"处填写"-1"。如果续租厂房,则系统自动将相应厂房租金放到"租金"处。

17. 季末收入合计

将本季度所有收入计算后，在运行记录1中的"季末收入合计"处填写"20"。

18. 季末支出合计

将本季度所有支出计算后，在运行记录1中的"季末支出合计"处填写"42"。

19. 季末数额对账

将本季度所有收入减去本季度所有支出，计算后，在运行记录1中的"季末数额对账"处填写"63"。

单击"当季结束"按钮，进入下一季度运营界面。

当季结束界面如图4-57所示。

图4-57　当季结束界面

第二季度

1. 季初盘点

系统自动盘点现金池中的现金，在运行记录1中的"季初盘点"处填写"63"，单击"当季开始"按钮，进入下一运营界面。

当季开始界面如图4-58所示。

图4-58　当季开始界面

第二季度运营

2. 更新短期贷款/短期贷款还本付息

系统自动将前面各年所贷短期贷款依次向前移动。

3. 申请短期贷款

本季无操作，在运行记录1中的对应格中画斜线。

4. 原材料入库/更新原料订单

本季无操作，单击"更新原料库"按钮，进入下一运营界面，在运行记录1中的对应格中画斜线。

5. 下原料订单

订购3个R1原材料，单击"订购原料"按钮，在R1原材料数量处输入"3"。

下原料订单界面如图4-59所示。

图4-59　下原料订单界面

6. 购买/租用一厂房

本季无操作，在运行记录1中的对应格中画斜线。

7. 更新生产/完工入库

本季无操作，在运行记录1中的对应格中画斜线。

8. 新建/在建/转产/变卖一生产线

新建1条全自动线生产P3，单击"新建生产线"按钮，"所属厂房"选择"大厂房"，"类型"选择"自动线"，"生产产品"选择"P3"，系统自动从现金池取5W现金摆放到全自动线的上面，若显示"在建"，则表示还未建成，并且摆放产品标识"P3"，在运行记录1中的"新建/在建/转产/变卖一生产线"处填写"-5"。

新建生产线界面如图4-60所示。

图 4-60　新建生产线界面

9. 紧急采购

本季无操作，在运行记录1中的对应格中画斜线。

10. 开始下一批生产

本季无操作，在运行记录1中的对应格中画斜线。

11. 更新应收款/应收款收现

本季无操作，在运行记录1中的对应格中画斜线。

12. 按订单交货

本季无操作，在运行记录1中的对应格中画斜线。

13. 产品研发投资

根据制订的计划研发1季P1和P3产品，单击"产品研发"按钮，选择"P1、P3"，系统自动从现金池分别取得各1W放到"P1生产资格"处和"P3生产资格"处，在运行记录1中的"产品研发投资"处填写"–2"。

产品研发投资如图4-61所示。

图 4-61　产品研发投资

14. 厂房—出售(买转租)/退租/租转买

本季无操作,在运行记录1中的对应格中画斜线。

15. 新市场开拓/ISO资格投资

本季无操作,在运行记录1中的对应格中画斜线。

16. 支付管理费/更新厂房租金

支付行政管理费1W,系统自动从现金池取1W放到"管理费"处,在运行记录1中的"支付管理费"处填写"-1"。如果续租厂房,系统自动将相应厂房租金放到"租金"处。

17. 季末收入合计

将本季度所有收入计算后,在运行记录1中的"季末收入合计"处填写"0"。

18. 季末支出合计

将本季度所有支出计算后,在运行记录1中的"季末支出合计"处填写"8"。

19. 季末数额对账

将本季度所有收入减去本季度所有支出,计算后,在运行记录1中的"季末数额对账"处填写"55"。

单击"当季结束"按钮,进入下一季度运营界面。

第三季度

1. 季初盘点

系统自动盘点现金池中的现金,在运行记录1中的"季初盘点"处填写"55",单击"当季开始"按钮,进入下一运营界面。

2. 更新短期贷款/短期贷款还本付息

系统自动将前面各年所贷短期贷款依次向前移动。

3. 申请短期贷款

本季无操作,在运行记录1中的对应格中画斜线。

第三季度运营

4. 原材料入库/更新原料订单

上季度订购的3个R1原材料到货,系统自动将3个R1订单移动到R1原材料库,从现金池支付3W给供应商,并在运行记录1中的"原材料入库/更新原料订单"处填写"-3"。

原料订单到货/支付原料款界面如图4-62所示。

图 4-62　原料订单到货/支付原料款界面

5. 下原料订单

订购R1、R2、R3、R4原材料各1个，单击"订购原料"按钮，在R1～R4原材料数量处均输入1。

下原料订单界面如图4-63所示。

图 4-63　下原料订单界面

6. 购买/租用一厂房

本季无操作，在运行记录1中的对应格中画斜线。

7. 更新生产/完工入库

本季无操作，在运行记录1中的对应格中画斜线。

8. 新建/在建/转产/变卖一生产线

在建全自动线生产，单击"在建生产线"按钮，选择需要在建的自动线，系统自动从现金池取5W现金摆放到全自动线上，在运行记录1中的"新建/在建/转产/变卖一生产线"处填写"-5"。

在建生产线界面如图4-64所示。

图 4-64　在建生产线界面

9. 紧急采购

本季无操作，在运行记录1中的对应格中画斜线。

10. 开始下一批生产

季初获取P1生产资格证，手工线生产2个P1产品，单击"开始生产"按钮，选择"全选"按钮，在运行记录1中的"开始下一批生产"处填写"-2"。

开始下一批生产界面如图4-65所示，生产2个P1产品界面如图4-66所示。

图 4-65　开始下一批生产界面

图 4-66　生产 2 个 P1 产品界面

11. 更新应收款/应收款收现

本季无操作，在运行记录1中的对应格中画斜线。

12. 按订单交货

本季无操作，在运行记录1中的对应格中画斜线。

13. 产品研发投资

根据制订的计划研发1季P3产品，单击"产品研发"按钮，选择"P3"，系统自动从现金池取1W放到"P3生产资格"处，在运行记录1中的"产品研发投资"处填写"-1"。

产品研发投资界面如图4-67所示。

图 4-67　产品研发投资界面

14. 厂房—出售(买转租)/退租/租转买

本季无操作，在运行记录1中的对应格中画斜线。

15. 新市场开拓/ISO资格投资

本季无操作，在运行记录1中的对应格中画斜线。

16. 支付管理费/更新厂房租金

支付行政管理费1W，系统自动从现金池取1W放到"管理费"处，在运行记录1中的"支付管理费"处填写"-1"。如果续租厂房，则系统自动将相应厂房租金放到"租金"处。

17. 季末收入合计

将本季度所有收入计算后，在运行记录1中的"季末收入合计"处填写"0"。

18. 季末支出合计

将本季度所有支出计算后，在运行记录1中的"季末支出合计"处填写"12"。

19. 季末数额对账

将本季度所有收入减去本季度所有支出，计算后，在运行记录1中的"季末数额对账"处填写"43"。

单击"当季结束"按钮，进入下一季度运营界面。

第四季度

1. 季初盘点

系统自动盘点现金池中的现金，在运行记录1中的"季初盘点"处填写"43"。

第四季度运营

2. 更新短期贷款/短期贷款还本付息

将前面各年所贷短期贷款依次向前移动。

3. 申请短期贷款

申请短期贷款20W，单击"申请短贷"按钮，输入需贷款额"20"，系统自动从银行取20W资金放入现金池并记录20W的短期贷款，并且在运行记录1中的"申请短期贷款"处填写"20"。

4. 原材料入库/更新原料订单

上季度订购的R1和R2原材料到货，系统自动将R1和R2订单移动到原材料库，并从现金池支付2W给供应商，将R3和R4订单向前移动，并在运行记录1中的"原材料入库/更新原料订单"处填写"-2"。

原材料入库界面如图4-68所示。

图4-68　原材料入库界面

5. 下原料订单

订购R3、R4原材料各1个，单击"订购原料"按钮，在R3、R4原材料数量处均输入1。

下原料订单界面如图4-69所示。

图 4-69　下原料订单界面

6. 购买/租用—厂房

本季无操作，在运行记录1中的对应格中画斜线。

7. 更新生产/完工入库

系统自动将手工线上的P1产品向前移动一格。

8. 新建/在建/转产/变卖—生产线

在建全自动线生产，单击"在建生产线"按钮，选择需要在建的自动线，系统自动从现金池取5W现金摆放到全自动线的上面，在运行记录1中的"新建/在建/转产/变卖—生产线"处填写"-5"。

9. 紧急采购

本季无操作，在运行记录1中的对应格中画斜线。

10. 开始下一批生产

本季无操作，在运行记录1中的对应格中画斜线。

11. 更新应收款/应收款收现

本季无操作，在运行记录1中的对应格中画斜线。

12. 按订单交货

本季无操作，在运行记录1中的对应格中画斜线。如果有交货，则单击"按订单交货"按钮，选择对应订单，系统自动从产品库中取出相应产品交于客户，取得对应现金放入现金池，或者取得对应应收款在相应账期处。

按订单交货界面如图4-70所示。

图 4-70　按订单交货界面

13. 产品研发投资

根据制订的计划研发1季P3产品,单击"产品研发"按钮,选择"P3",系统自动从现金池取1W放到"P3生产资格"处,在运行记录1中的"产品研发投资"处填写"−1"。

14. 厂房—出售(买转租)/退租/租转买

本季无操作,在运行记录1中的对应格中画斜线。

15. 新市场开拓/ISO资格投资

市场和ISO全部研发,单击"市场开拓"按钮,选择所有市场;单击"ISO投资"按钮,选择所有ISO,系统自动从现金池取8W分别放到"各个市场和ISO"处,在运行记录1中的"新市场开拓/ISO资格投资"处填写"−8"。

市场开拓界面如图4-71所示,ISO投资界面如图4-72所示。

图 4-71　市场开拓界面

图 4-72 ISO 投资界面

16. 支付管理费/更新厂房租金

支付行政管理费1W，系统自动从现金池取1W放到"管理费"处，在运行记录1中的"支付管理费"处填写"-1"。如果续租厂房，系统自动将相应厂房租金放到"租金"处。

17. 季末收入合计

将本季度所有收入计算后，在运行记录1中的"季末收入合计"处填写"20"。

18. 季末支出合计

将本季度所有支出计算后，在运行记录1中的"季末支出合计"处填写"17"。

19. 季末数额对账

将本季度所有收入减去本季度所有支出，计算后，在运行记录1中的"季末数额对账"处填写"46"。

单击"当年结束"按钮，进入下一运营界面。

当年结束界面如图4-73所示。

图 4-73 当年结束界面

4.2.3 认知年末四项工作

1. 缴纳违约订单罚款

本季无操作，在运行记录1中的对应格中画斜线。如果有违约未交货的订单，系统自动按照违约金比例20%，用订单总金额乘以20%，四舍五入计算出违约金，从现金池取出相应违约金放到"其他"处，并且在运行记录1中的"缴纳违约订单罚款"处填写相应金额。

2. 支付设备维护费

本季无操作，在运行记录1中的对应格中画斜线。如果有设备维护费，系统自动从现金池取出相应设备维护费放到"维修费"处，并且在运行记录1中的"支付设备维护费"处填写相应金额。

3. 计提折旧

本季无操作，在运行记录1中的对应格中画斜线。如果有设备需要计提折旧，系统自动从生产线取出相应折旧费放到"折旧"处，并且在运行记录1中的"计提折旧"处填写相应金额。

4. 新市场/ISO资格换证

系统自动换取"本地市场"和"区域市场"的资格证。

新市场/ISO资格换证如图4-74所示。

图 4-74　新市场/ISO 资格换证

4.2.4 处理异常情况

1. 紧急采购

如果下原材料订单失误，导致原材料不够预定生产的情况发生，则必须通过紧急采购原材料(成本2倍价格)来继续生产。如果因为排产失误，导致库存产品不够交货，则可以通过紧急采购产成品(成本3倍价格)来交货。

例如，预计生产4个P1产品，但是忘记下R1原材料订单，库存只有2个R1原材料，则可以通过紧急采购2个R1原材料继续生产。操作如下：单击"紧急采购"按钮，在R1原材料处输入2，系统自动从供应商处得到2个R1原材料放到R1原料库中，从现金池取出4W资金，2个交予供应商作为材料款，另外2个放到"其他"处作为损失。

紧急采购界面如图4-75所示。

图 4-75　紧急采购界面

2. 出售库存

如果由于资金不足，资金链即将断裂，则可以出售库存换取资金，维持经营。其中，出售库存原材料为8折，出售库存产成品为原价。

例如，出售4个R1原材料。操作如下：单击"紧急采购"按钮，在R1"出售数量"处输入4，系统自动将原材料库中的4个R1原材料交予供应商换取3W资金放置于现金池，另外1W放置于"其他"处作为损失。

出售库存界面如图4-76所示。

3. 应收款贴现

如果经营资金短缺，则可以将未到期的应收款贴现，换取资金，维持经营。其中，1、2期应收款贴现息为10%，3、4期应收款贴现息为12.5%。

例如，将未到期的2期应收款20W贴现。操作如下：单击"贴现"按钮，在2季"贴现额"处输入20，系统自动从未到期的2期应收款20W中取2W作为贴现息放置于"贴息"处，另外18W放置于现金池。

应收款贴现界面如图4-77所示。

图 4-76 出售库存界面

图 4-77 应收款贴现界面

4. 厂房贴现

如果经营资金短缺，则可以将所购置的厂房贴现换取资金，以维持经营。厂房贴现后自动由购买转为租用，并将厂房资金作为未到期的4账期应收款贴现。

例如，将所购置的30W大厂房贴现。操作如下：单击"厂房贴现"按钮，选择大厂房，系统自动将所购置的30W大厂房贴现，将大厂房处的30W资金取出4W放置于"租金"处，再取4W作为贴现息放置于"贴息"处，另外22W放置于现金池。

厂房贴现界面如图4-78所示。

图4-78　厂房贴现界面

4.3　编制三表

年末，财务总监要编制财务报表，以便反映企业经营情况。在编制财务报表之前，应先完成"订单登记表"和"产品核算统计表"的填写，其中有些数据是编制财务报表的重要依据。

4.3.1　"订单登记表"和"产品核算统计表"

1. 订单登记表

订单登记表用于记录本年取得的客户订单。年初参加订货会，争取到客户订单后，进行填写登记，包括订单号、市场、产品、数量、账期、交货期、销售额等内容。按订单交货后，登记成本项目，计算毛利项目。

订单登记表如表4-6所示。

表4-6　订单登记表

市场							
产品							
数量							
交货期							

(续表)

应收款账期							
销售额							
成本							
毛利							

2. 产品核算统计表

产品核算统计表是按照产品品种对销售情况进行统计，是对各个品种本年销售数据的汇总。

产品核算统计表如表4-7所示。

表4-7　产品核算统计表

	P1	P2	P3	P4	P5	合计
数量						
销售额						
成本						
毛利						

4.3.2　编制财务报表

1. 综合管理费用明细表

综合管理费用明细表用于记录企业日常经营过程中发生的各项费用。

综合管理费用明细表如表4-8所示。

编制财务报表

表4-8　综合管理费用明细表

单位：W

项目	金额	备注	数据来源
管理费			盘面
广告费			盘面
维修费			盘面
租金			盘面
转产费			盘面
市场准入开拓		□本地　□区域　□国内　□亚洲　□国际	盘面
ISO资格认证		□ISO9000　□ISO14000	盘面
产品研发		P1(　) P2(　) P3(　) P4(　)	盘面
损失			盘面
合计			以上之和

2. 利润表

年末要核算企业当年的经营成果，编制利润表。

利润表如表4-9所示。

表4-9 利润表

单位：W

项目	本年数	数据来源
销售收入		产品核算统计表中的销售额合计
直接成本		产品核算统计表中的成本合计
毛利		销售收入-直接成本
综合费用		综合管理费用明细表合计
折旧前利润		毛利-综合费用
折旧		盘面
支付利息前利润		折旧前利润-折旧
财务费用(利息+贴息)		盘面
税前利润		支付利息前利润-财务费用
所得税		税前利润×25%
净利润		税前利润-所得税

3. 资产负债表

年末还要编制反映企业财务状况的资产负债表。

资产负债表如表4-10所示。

表4-10 资产负债表

单位：W

资产	数据来源	负债和所有者权益	数据来源
流动资产：		负债：	
现金	盘面	长期负债	盘面
应收款	盘面	短期负债	盘面
在制品	盘面	应交税金	盘面
成品	盘面		
原料	盘面		
流动资产合计	以上之和	负债合计	以上之和
固定资产：		所有者权益：	
土地和建筑	厂房价值之和	股东资本	股东投入资本
机器与设备	设备价值之和	利润留存	上年利润留存加上年利润
在建工程	在建设备价值之和	年度净利	利润表中的净利润
固定资产合计	以上三项之和	所有者权益合计	以上三项之和
资产总计	流动资产与固定资产之和	负债和所有者权益总计	负债和所有者权益之和

4. 电子三表

根据手工核算出的综合费用表、利润表和资产负债表，简称三表，向电子沙盘中录入电子三表并提交。

电子三表界面如图4-79所示。

图 4-79 电子三表界面

5. 第一年经营后的三表

第一年经营后的三表如表4-11、表4-12和表4-13所示。

电子三表

表4-11 第一年经营后的利润表

项目	金额
销售收入	0
直接成本	0
毛利	0
综合费用	17
折旧前利润	−17
折旧	0
支付利息前利润	−17
财务费用	0
税前利润	−17
所得税	0
年度净利润	−17

表4-12 第一年经营后的综合费用表

项目	金额
管理费	4
广告费	0
设备维护费	0

(续表)

项目	金额
损失	0
转产费	0
厂房租金	0
新市场开拓	5
ISO资格认证	3
产品研发	5
信息费	0
合计	17

表4-13　第一年经营后的资产负债表

项目	金额	项目	金额
现金	46	长期负债	20
应收款	0	短期负债	40
在制品	4	应交所得税	0
产成品	0	—	
原材料	3	—	
流动资产合计	53	负债合计	60
厂房	30	股东资本	65
生产线	10	利润留存	0
在建工程	15	年度净利	−17
固定资产合计	55	所有者权益合计	48
资产总计	108	负债和所有者权益总计	108

4.4　争取订单

4.4.1　投放广告

客户订单是企业生产的依据，每年年初企业会派优秀的销售人员参加客户订货会，投入大量资金和人力做营销策划、广告展览等，以争取尽可能多的订单。

广告是分市场、分产品投放的，根据企业规划，在P1产品的本地市场和区域市场均投放1W广告，以获取订单。在电子沙盘界面选择"广告投放"按钮，然后在对应市场的P1产品处录入1。

投放广告界面如图4-80所示。

图 4-80 投放广告界面

4.4.2 选取订单

投放好广告,单击"参加订货会"按钮,进入订货会界面,待所有组均投放完毕广告后,教师开始订货会,各个企业可以选取自己需要的订单。

选取订单界面如图4-81所示。

图 4-81 选取订单界面

企业每年选取好订单后,都要进行订单登记表和产品核算统计表的填写,然后根据本年所选订单进行新一年的年度规划,开始新一年的经营。

◇ **做一做** ◇

按照本章所提示的操作流程,在教师指导下完成物理沙盘和电子沙盘的操作,并填写运行记录和编制三表。

◇ **给点建议** ◇

同学们要想经营好自己的企业,战胜对手,赢得最后的胜利,那么必须要有大局观,从全局入手,考虑问题要尽量周全,将经营过程中可能出现的情况提前预估,做好相应的应对措施,并且在预算、三表、点盘等过程中认真仔细,这样才能取得好的成绩。

模块5 独立经营模拟企业

思政导入

自信自立，守正创新，凝聚时代力量

知为行之始，学为用之先。通过情境模拟企业经营，只有保持严谨认真的工作态度，按规则行事，才会取得长久的发展。诚实守信不仅是弘扬中华民族传统美德，也是连接企业间高效沟通的桥梁，因此在规定时间内完成产品生产、按订单有序交货有助于树立良好的企业形象。我们在追求权益最大化的同时，一定要注重培养诚信经营的道德品质。产品质量是赢得客户群体和获得更好收益的关键，在经营过程中，可通过设立质量指标来进一步保证产品质量，并不断提高优化产品品质的意识。

在模拟企业经营的过程中，各团队最终经营成绩需要同时考量权益和信用排名，对于超时或者违约会扣除相应权益和积分，因此我们在追求企业发展和利润的同时，一定要注重企业信誉，敬畏规则。

定个目标

- 市场分析与定位
- 生产运营与管理
- 资金预算与控制

做中学

5.1 制订战略计划

模拟企业经营过程中，每个小组都拥有等同的资金、设备和固定资产。企业可通过现金做广告，从市场上赢得订单；用现金购买原材料和新生产线，投入生产，完工交货，获得现金；用现金开发新的产品和新的市场，支付税金及相关费用；等等。当资金短缺时可向银行申请贷款或变卖固定资产。经过6年的经营，最终根据每个企业的所有者权益的多少来评出优胜企业。

企业在第一年制定的战略方案非常重要,需要在团队讨论的基础上,用长远的眼光来考虑企业的经营,一旦决策失误,势必影响企业发展。企业的战略是涉及企业发展的全局性、长远性的重大问题,如企业的经营方向、市场开拓、产品研发、融资筹资等问题。

5.1.1 企业盈利

我们应该明白,企业经营的本质是股东利益最大化,即盈利。而从企业利润表中可以看出,盈利的主要途径有两个:一是扩大销售;二是控制成本。

1. 扩大销售

利润主要来源于销售收入,而销售收入由销售数量和产品单价两个因素决定。提高销售数量有以下几种方式。

(1) 扩张现有市场,开拓新市场。
(2) 研发新产品。
(3) 扩建或改造生产设施,提高产能。
(4) 合理加大广告投放力度,争取更多更好的订单。

2. 控制成本

产品成本分为直接成本和间接成本。

1) 直接成本

直接成本主要包括产品的原料费和加工费。在ERP沙盘模拟中,原料费由产品的组成结构所决定,用不同的生产线生产同一产品的加工费是相同的,因此在ERP沙盘模拟中,产品的直接成本是固定的。

2) 间接成本

间接成本分为投资性支出和费用性支出两大类。投资性支出包括购买厂房、投资新生产线等,这些投资是为了企业的生产能力而必须发生的。费用性支出包括投放广告、长短贷利息等,而通过有效筹划可以节约一部分费用性支出。

5.1.2 会计平衡公式的运用

会计平衡公式是所有会计初学者必须掌握的,其说明了资产与权益之间的恒等关系,无论何时何种情况,这种平衡关系永远不会被打破。

会计恒等式如下。

$$资产=负债+所有者权益$$

(1) 负债。负债有两种:一是长期贷款,二是短期贷款。这两种贷款的还款期限不同,相应的贷款利率也不同,所有贷款无论期限长短,必须按期偿还。

(2) 所有者权益。所有者权益一部分是指企业建设时股东的集资,即股东资本,也就是通常所说的初始资金,该资金在整个模拟过程中是不会改变的;另一部分是指企业的未分配利润,其是增加所有者权益的重要组成部分。

企业有了初始资本就可以通过贷款的形式进行资金筹集，而达到所需金额后，就可以采购厂房和设备，引进生产线，开拓市场，研发产品，购买原材料，生产加工产品，剩余资金就是企业的流动资金，即通常所说的"现金流"。

5.1.3 制订合理的发展计划，确保企业立于不败之地

企业成立伊始，要在经营之初认真思考以下问题。

(1) 想要研发什么产品？何时研发？
(2) 想要开拓什么市场？何时开拓？
(3) 想要建设什么生产线？何时建设？
(4) 想要开发什么ISO认证？何时开始？
(5) 建设年的融资贷款策略是什么？如何合理地进行贷款？
(6) 广告策略是什么？如何投放？

需要注意的问题如下。

(1) 在模拟经营过程中，永远不要忘记你的对手，因为对手的一举一动都会对你产生重要影响。

(2) 敢于花钱，但钱要花在"刀刃"上，现金留着就是一种浪费，让经营中的资金流转起来，这样才能让自己的企业"活起来"。

(3) 前三四年是经营的关键期，执行计划必须步步为营，合理利用好每一分钱。前期如果被对手拉开差距，后期想要追赶是很困难的。

5.1.4 利用会计平衡公式制订发展计划与企业盈利之间的关系

我们的模拟经营期限是6年，最终目标是所有者权益最大化，在制定长期发展规划时应立足逐步扩大所有者权益，而在会计平衡公式"资产=负债+所有者权益"中，如果使公式平衡关系成立，则所有者权益越高时，资产也需要相应地增加。也就是说，为了在中后期使所有者权益突飞猛进，那么前期的资金支持是非常必要的。不过，在有限的资金条件下，如何能通过前几年的经营积累发展资金是很重要的，这就需要在制订计划时用发展的眼光看待战略计划的制订和实施。例如，可以先利用中低端产品成本较低、广告投入较少、市场较充裕的情况先积累资金，为中后期进入高端产品市场奠定物质基础；或者可以先利用大家对于高端产品观望的心理，先行进入高端产品市场，迅速积累发展资金，一旦市场拥挤，转向开辟其他较为宽松的产品和市场，继续扩大生产销售。需要说明的是，无论哪种计划和策略，都需要预先精心计算，实施过程中需要随机应变。

◇ 做一做 ◇

○ 根据提供的规则和市场预测，制定本企业的发展规划。
○ 独立运行第一年的建设年，为后面的发展做好准备。

5.2 内部流程及控制

ERP沙盘模拟的过程，实际上就是制造型企业从筹集资金、采购原料、生产产品到销售取得收入的基本业务流程。

5.2.1 筹集资金

1. 贷款

筹集资金最主要的渠道是贷款，主要包括长期贷款和短期贷款两种，这两种贷款的还款时间、利率各不相同，企业可按实际情况选择相应贷款项目。

1) 长期贷款

长期贷款还款期限为1年以上，利率为10%，也就是说每10W的长贷每年需要支付利息1W。长贷是每年年初开始进行，企业一定要合理计算之后选择相应数额的贷款，一旦忽略，在经营过程中是无法申请长期贷款的。

2) 短期贷款

短期贷款还款期限为4个季度，例如，某一年的第三季申请短期贷款，那么下一年的第三季就要偿还本金并且支付利息，短期贷款利率为5%，最低贷款额为20W，也就是说每20W的短贷需要支付利息1W。短贷是在每一季度开始进行。

无论是哪类贷款，利息全部计入财务费用，而财务费用是综合费用的一部分，是影响利润的一个重要指标。这就要求财务总监在每年认真做好预算，合理安排各种贷款，既要满足生产经营需要，不会因为现金断流而导致破产，又要将相应的费用降至最低。

2. 贴现

企业在已经达到贷款上限之后，仍然有资金需求的，必要时可以考虑贴现。贴现时主要按账期计算贴现利息，3、4季的贴现率为12.5%，也就是说每8W的贴现需支付1W的贴现利息；1、2季的贴现率为10%，也就是说每10W的贴现需支付1W的贴现利息，贴现利息也计入企业的财务费用。贴现一般有应收款贴现和厂房贴现。

1) 应收款贴现

产品的销售收入形成企业的应收款项，在急需资金周转时可以将部分应收款进行贴现，换取流动资金。

2) 厂房贴现

如果是自行购买的厂房，在贷款、应收款贴现之后仍需要资金的情况下，可以进行厂房处理，将购买的厂房进行买转租后会按厂房的购买原价形成企业4个账期的应收款，按需要贴现即可。

5.2.2 采购原料

P1、P2、P3、P4产品的原料组成如表5-1所示。

表5-1　P1、P2、P3、P4产品的原料组成

名称	产品组成
P1	R1
P2	R2+R3
P3	R1+R3+R4
P4	R2+R3+2R4

采购原料时必须要记得每种产品的构成，并以此采购本企业所需原料。需要注意的是，材料R1、R2需提前一季度预订，材料R3、R4需提前两季度预订，每个材料的采购成本是1W，在原料入库时扣除现金。

采购总监在采购原料时，还需综合考虑产能计划，要掌握本企业生产线的情况和每一季生产产品的种类、产能，并以此确定何时采购何种原料，同时要通过财务总监及时了解本企业资金状况，保证原料入库时有足够的资金支付。

需要注意的是，所有的产品材料组成并不是一成不变的，有可能会出现微调的情况，这就要求在每一次的模拟经营之前，采购总监必须仔细阅读规则，熟练掌握产品组成，避免造成不必要的失误，使团队陷入困境。同时在预订材料时，也要考虑随时转产的因素，为突然出现临时转产的情况做好充分的物质准备。

5.2.3 生产产品

在读懂市场预测后，还需要准确计算企业本年的产能，精确到所生产的每种产品的可接单的数量。

首先需要掌握的就是每一种生产线的特点：超级手工线每两季生产1个产品，每年生产2个产品，可以随时转产；自动线每季生产1个产品，每年生产4个产品，不能转产，转产时需要停工一季并要同时支付转产费用；柔性线每季生产1个产品，每年生产4个产品，可随时转产。我们只有掌握生产线的特点，并灵活搭配使用这些生产线，才可以有条不紊地开始生产，为选单做好坚实的物质准备。

需要注意的是，预算的产能并不是一成不变的定数，而是一个区间范围，因为这些生产线的特点，我们可以随时转产、紧急采购甚至扩建生产线。当因为意外或失误丢了某个市场的产品订单时，可以考虑多拿其他产品订单，使用超级手工线或柔性线随时转产；而当某张订单单价特别高时，我们也可以考虑扩建生产线或紧急采购。

其次需要掌握的就是编制生产计划和原料订购计划，根据每条生产线上的投产时间及生产周期推算产能和材料订单，在出现转产情况下提前做好充分准备。同时可以根据生产类型及所生产产品类型计算出何时订购、订购多少。在实际操作时还需考虑库存、加工费，切不可出现停工待料的失误操作。

5.2.4 取得订单，产品销售

对于一个企业而言，"选择订单"也是企业经营的关键一环，对企业的资金回笼具有

关键作用。订单的账期直接影响企业资金的流动性，而这些回笼的周转资金对企业新市场的开拓、新产品的研发、扩大生产规模等具有重要意义。

经过6年的经营我们会发现，获取最佳利润的前提是取得相对的最优订单，然而企业的生产能力是接受订单的关键，所以每年要提前计算好本企业产能，详细掌握本年度生产产品的种类和每一季产成品情况，只有心中有数，才能在订货会上合理安排广告费用，争取适度的订单。订单少，企业不能充分运作，利润会减少，现金流也会出现困难；订单多，不能按交货期及时交货，会扣除相应违约金，使利润减少，资金紧张。

当然，在选单过程中还是会出现一些意想不到的情况，例如，由于某种原因没有选满产，剩下了库存，但如果资金允许，仍可以继续全线投入生产，留存一定数量的成品库存，为下一年做好充分准备。在沙盘模拟经营中按订单需求量进行生产是行不通的，如果留存一定量的成品库存，那么在下一年选单时就会争取到更多的订单或部分高单价的交货期为一季度的产品订单，而且提前交货也可以让企业尽快回笼应收款，增强资金的流转，避免贴现。

我们的模拟经营毕竟是有期限的，战略性地留存库存产成品不是每年都适用，到第六年时，只需要完成订单需求量即可，不必留存库存占用资金。

◇ **给点建议** ◇

- 战略不但要有长期的目标，也要有短期的目标。
- 在实训过程中，每一个细节都是非常重要的，即细节决定成败。每一步都要准确无误，哪怕只是一步出错，都有可能导致要用十步来补救，甚至于满盘皆输！
- 市场竞争中，相互间信息情报的了解非常重要，而了解对手的财务状况对于了解对手的竞争实力和决策倾向具有很大帮助。
- 企业的经营活动、破产危险都取决于企业的现金流活动，若要最大限度地提高企业的权益，同时避免资金断流的危险，就必须有准确的财务分析和预测。

模块6 培养管理者素质

思政导入

开拓创新，团结奋进

改革创新是时代潮流，也是推动高质量发展的根本动力。作为新时代的青年人，要不畏困难，敢于开拓创新，为企业高质量发展增添新动能。在新经济时代的今天，企业的成败已不仅仅取决于市场占有率和利润水平等有形的东西，而更在于是否有一致的内部价值认同和众口一致的外部形象。

通过树立正确的经营思想、良好的企业精神、高尚的伦理道德和明确的企业目标，以规范企业员工的价值观念；通过建立和完善企业的各种规章制度、操作规程及工作标准，以规范员工的行为，统一员工的行动和步伐；通过企业文化的推行和实施，在企业中形成一个团结、竞争的工作氛围。在模拟企业经营的过程中，每个岗位要将开拓创新、团结奋进的精神贯穿于工作始终，拓展工作思路，改进工作方法，立足本职岗位创新创效，提出合理化建议，努力提升自己的能力水平，为企业的长足发展做出应有的贡献。

定个目标

- 制定合理的战略规划
- 学会分析竞争对手
- 做到团结协作

做中学

6.1 提升战略意识

沙盘模拟企业经营是利用沙盘推演企业在生产经营过程中所发生的情况和面临的风险，在推演过程中发现企业在市场营销、生产运营和财务管理等方面出现的问题，并做出综合性决策，最终解决问题。在建设年，每个组都准备大显身手，精心策划本企业的成长之路，但第二年，已经有企业出现资金紧张的局面，随时面临破产的可能性。那么企业经营的成败因素是什么呢？那就是长远的、战略的眼光。

企业在第一年制定的战略方案十分重要，需要用长远的眼光考虑发展，企业的战略决定发展的全局和长远的重大问题，如企业的经营方向、市场开拓、产品研发、融资筹资、扩大生产等。在复杂多变的环境中，企业需要有战略管理，才能在激烈的市场竞争中立于不败之地。企业是一个由生产部门、财务部门、营销部门、采购部门等构成的相互联系、相互制约的有机整体，制定一个在未来一定时期内的战略目标和行动规划，可使本组成员能够了解和认知企业的共同目标，增强凝聚力和动力。另外，通过战略管理可使所有成员主动考虑全局决策，能够着眼大局，从全局出发，培养整体意识。

最初开始经营时，每一组制订的计划都很完美，只是在执行时忽略了一些细节及对操作的不熟悉导致了后面的一系列失误。因此，在执行6年方案的过程中，有以下问题需要我们重新考量。

(1) 筹集资金方面。什么时候贷款？贷款额多少？长贷还是短贷？每一个季度贷款多少？如何通过长短贷结合使企业成本最低，效益最大？

(2) 厂房生产线方面。厂房租还是买？若买厂房则没有厂房租金，可使综合费用降低，但会占用大量现金，这是否会使资金周转有困难？若租厂房则会使综合费用升高，但资金流转压力就会减小。生产线是否需要扩建？如需扩线，资金是否充足？材料预订是否合理？当产能充足时，就可以多拿订单，也可以多卖产品，权益自然也就会上去，那么产能增加时如何多拿订单呢？

(3) 广告方面。广告也要准备充分，按季度计算产量，严格把握成本，将产能计算控制在最精确的程度，严格把握资金的回流，减少资金浪费。同时上年末一定要留存足够的现金，保证下一年的广告费。广告费分布在哪几个市场？如何分布？重点在于哪个市场？同时要关注竞争对手，知己知彼才能百战百胜，充分了解对手才能有效地占领市场而拿到高利润的订单。

(4) 原料方面。原材料采购需要提前下达采购订单，而且只要下了订单，都必须将订单的数量及种类入库。在下原材料订单时，需要考虑有没有随时转产的问题，如果有应该怎么办？还需要考虑有没有扩线的问题，如果有应该怎么办？

(5) 产品研发。企业如果想6年持续经营，而且权益逐步上升，那么仅生产单一产品或许是不太可能的。因此在产品研发投资方面，需要提前预想好研发哪些产品，这样可提前预算需要留出多余的资金，为企业的长远发展做打算。

(6) 生产线维护和折旧方面。年末生产线的维护费和折旧费是必须发生的综合费用的一部分，因此在年末结账前要预留出这部分的资金，不要因为维护费造成资金压力。

(7) 市场开拓和ISO方面。市场开拓和ISO资格认证的投资尤为重要。在选择订单时有些利润较高的订单对ISO是有一定要求的，只有最大化地开拓市场，取得ISO资格认证，才能获取相对优质的订单，让企业能够更好地发展。

好的战略规划是企业良好发展的基础，想要保持优胜地位，必须认真谋划企业发展。如果企业扩张的速度过快，就会陷入急功近利的陷阱，盲目地扩大生产，导致原料产品积压过多，占用大量流动资金。预算一旦失误，就无法有足够的应收款贴现，企业会因为资金流断裂而破产。一味保守也不可取，只在原地踏步，循序经营，产能受到限制，企业很难向前发展。因此，要经营好企业必须熟悉和遵守"游戏规则"，必须对产品开发设计、客户需求、竞争对手、市场规模有一定的客观认识和准确把握，不能盲目自以为是，也不能被动盲从失去自我；不能求太快，也不能一味保守，要不断取舍调整，善于在创新发展中不断创造适应市场的商机。

> ❖ **注意：**
> 研发产品的方向，不一定是市场大的，可能市场小的产品竞争者少，效益会更好。

从图6-1～图6-3所示的市场预测中来看，P3和P4产品均价较高，可以创造很大的利润，使企业所有者权益增长，但是订单数量和市场需求量较少，在选单时可能会加大广告费的投入。而P1和P2产品虽然利润相对较低，但是市场需求量比较充足，而且原材料入库也不会占用太多资金，广告费用也可以有所节省。因此，在制定企业长期发展战略时，可以先立足P1或P2产品，为企业持续稳定发展提供资金，然后逐步发展P3或P4产品，为企业赚取更多利润，争取所有者权益最大化。

图 6-1　市场预测图 1

图 6-2　市场预测图 2

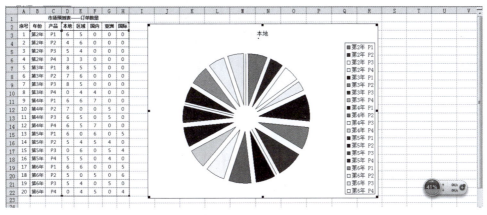

图 6-3　市场预测图 3

6.2　提高管理能力

管理能力是每个管理者必须拥有的基础能力，如果管理者不能管理好一个团队，那么这个管理者一定是失败的，这个团队也一定是失败的。由于沙盘的各小组代表着各个企业，所以管理能力是沙盘推演中非常重要的一项能力。通过直观的企业经营沙盘来模拟企业运行状况，可让我们在分析市场、制定战略、组织生产、整体营销和财务结算等一系列活动中体会企业经营运作的全过程，认识到企业资源的有限性，并且学会如何使用有限的资源来达到我们的经营目标，实现利润的最大化。这既能调动我们的主观能动性，又可以让我们身临其境，真正感受一个企业经营者直面的市场竞争的精彩与残酷，承担的经营风险与责任，从而深刻理解ERP的管理思想，领悟科学的管理规律，提升管理能力。

作为一个优秀的管理者，应着重从以下几方面提升管理能力。

(1) 提交广告费，争抢订单。万事开头难，这是整个模拟至关重要的一步。生产总监根据生产线的数量预测产能，为销售总监的抢单做数据支持。销售总监根据市场情况和本公司的生产力，以及对竞争对手的预测分析，与财务总监沟通，确定广告费的支出。当广告费排名出炉之后，销售总监便可根据手中的数据，在现有情况下，选择对本公司最为有利的产品订单。

(2) 根据订单生产和交货。由于事先已经过周密的预测，所以采购总监可直接根据订单从财务总监手中支出资金下料，生产总监根据生产线能力进行有序的生产，订单完成时交货，获得货款。

(3) 生产规模的决策。这主要由财务总监、生产总监和销售总监共同完成。销售总监根据市场趋势分析预测出今后的市场需求，生产总监根据数据来决策生产线的数量、种类(手工、半自动、全自动、柔性)，以及厂房的闲置或利用。

(4) 市场拓展和产品研发。销售总监分析市场，预测未来时间内市场的走向和产品的趋势，并根据分析结果与财务总监沟通，对不同的市场(本地、区域、国内、亚洲)和产品(P1、P2、P3、P4)及ISO9000和ISO14000认证做出不同的资金投入。

(5) 资金的运作。可以说整个模拟中，财务总监是最辛苦的，因为每一笔资金的流入和流出都要经过财务总监的记录。财务总监在每年年初预测整年的资金状况，根据预测决定贷款(长贷、短贷)、贴现、高利贷，保证流动资金的持续。

(6) 统领全局。在整个模拟过程中，总经理似乎是最为轻松的，没有零碎的工作，只是对每个决策做出决定。实则不然，因为没有具体的职责范围，反而使总经理的工作量扩大化，每个步骤都要参与决策，并且要严格掌控公司运作进度，贯彻队员的执行力度。

6.3 拓展知识结构

模拟沙盘企业经营过程中，包括生产、销售、财务、物流等多个方面，这就要求管理者要具有完整的知识结构，只有这样，管理者才能从杂乱的信息中筛选出有用的信息。当然，管理者更应该是有所特长，同时对其他方面都有所了解。

1. 战略管理

成功的企业一定有着明确的企业战略，包括产品战略、市场战略、竞争战略及资金运用战略等。从最初的战略制定到最后的战略目标达成分析，经过几年的模拟，经历迷茫、挫折、探索，大家将学会用战略的眼光看待企业的业务和经营，保证业务与战略的一致，在未来的工作中更多地获取战略性成功而非机会性成功。

2. 营销管理

市场营销就是企业用价值不断来满足客户需求的过程。企业所有的行为、资源，无非是要满足客户的需求。模拟企业几年中的市场竞争对抗，学会分析市场、关注竞争对手、把握消费者需求、制定营销战略、定位目标市场，制订并有效实施销售计划，最终达成企业战略目标。

3. 生产管理

在模拟中，把企业的采购管理、生产管理、质量管理统一纳入生产管理领域，则新产品研发、物资采购、生产运作管理、品牌建设等一系列问题背后的一系列决策问题就自然地呈现在面前，它跨越了专业分隔、部门壁垒，充分运用所学知识、积极思考，在不断的成功与失败中获取新知。

4. 财务管理

在沙盘模拟过程中，团队成员将清晰掌握资产负债表、利润表的结构；掌握资本流转如何影响损益；解读企业经营的全局；预估长短期资金需求，以最佳方式筹资，控制融资成本，提高资金使用效率；理解现金流对企业经营的影响。

5. 人力资源管理

沙盘模拟中每个团队经过初期组建、短暂磨合，逐渐形成团队默契，完全进入协作状态。在这个过程中，各自为战导致的效率低下、无效沟通引起的争论不休、职责不清导致的秩序混乱等情况，可以深刻地理解局部最优不等于总体最优的道理，学会换位思考。明确只有在组织的全体成员有着共同愿景、朝着共同的绩效目标、遵守相应的工作规范、彼此信任和支持的氛围下，企业才能取得成功。

6. 基于信息管理的思维方式

通过ERP沙盘模拟，会真切地体会到构建企业信息系统的紧迫性。企业信息系统如同飞行器上的仪表盘，能够时刻跟踪企业运行状况，对企业业务运行过程进行控制和监督，及时为企业管理者提供丰富的可用信息。通过沙盘信息化体验，可以感受企业信息化的实施过程及关键点，从而合理规划企业信息管理系统，为企业信息化做好观念和能力上的铺垫。

ERP沙盘模拟培训将企业的主要流程缩小在整张沙盘上。企业的物流：下原料订单、原料入库、组织生产、接订单销售。企业的资金流：现金、贷款、应收账款、人工成本、设备维修、固定资产折旧等制造费用的支出；广告投入、市场开拓、产品研发、ISO认证等管理费用的支出等。企业的信息流：市场预测分析、竞争环境、竞争对手经营情况分析等。

7. 利用财务分析数据

1) 本量利分析

本量利分析法，也称为产量成本利润分析，是根据成本、产量、利润三者之间的关系，预测利润、控制成本的一种分析方法，是企业经营决策中常用的一种定量确定型决策方法。计算公式如下。

$$利润 = 收入 - 成本$$

我们知道，成本分为固定成本和变动成本，固定成本是产品材料人工的组成，如P1是2W、P2是3W、P3是4W、P4是5W……而变动成本通常是在经营过程中发生的费用支出，如生产线的维护和折旧、管理费用、财务费用、广告费用，以及资金不足需要贴现、经营失误造成违约支付违约金等。我们要在众多数据中找到盈亏临界点，也就是利润等于零的状态。

盈亏临界点销售量的计算公式如下。

$$盈亏临界点销售量 = 固定成本 \div (单位售价 - 单位变动成本)$$

例如，某团队准备做一套相对简单的战略方案，用3条自动线生产P1产品，买中厂房(无租金支出)，无长贷，短贷三季共60W，广告费用总额为9W，P1单位售价均价为5W。

通过计算：

该方案的固定成本=2×12=24(W)

变动成本=生产线的维护费和折旧(3×5=15W)+广告销售费用(9W)
    　　 +利息支出财务费用(3W)=15+9+3=27(W)

单位变动成本=27÷12=2.25(W)

盈亏临界点销售量=24÷(5-2.25)=8.73(个)

也就是说，P1产品的盈亏临界点销售量为9个，如果销量不足9个，则本产品本年就会亏损。

2) 销售净利润分析

销售净利润率是反映企业利润总额与销售收入关系的比率。提高销售净利润率其实就是提高企业盈利能力的关键所在，也就是销售净利润率越高，企业的盈利能力越强，发展前景越乐观。计算公式如下。

$$销售净利润率=净利润÷销售收入×100\%$$

通过公式可知，提高销售净利润率的主要途径有两个：一是扩大销售收入，收入越高，净利润也会越高；二是降低成本费用，在销售收入相对不变的前提下，成本费用越低，净利润就越高。

思考一下，如何扩大销售收入？如何降低成本费用？

3) 总资产周转率分析

总资产周转率反映企业资产总额实现销售收入的综合能力及企业资产的营运能力，既关系企业获利能力，又关系企业偿债能力。计算公式如下。

$$总资产周转率=销售收入÷资产总额×100\%$$

总资产周转率越高，反映企业资产的营运能力越强，获利能力、偿债能力越强。如果想要提高总资产周转率，则应结合当年销售收入来分析资产使用是否合理。流动资产(现金、材料、产品、应收账款等)体现企业的偿债能力和变现能力，非流动资产(厂房、生产线等)体现企业经营规模和发展潜力。如果现金持有超过经营需要，则可能会影响企业的扩大发展和获利能力；如果占用过度的存货和应收账款，则既影响偿债能力也影响获利能力；如果盲目增加厂房生产线而不分析市场，会造成产品积压或停工现象，影响企业的资金周转和获利能力。

4) 资产负债率和权益乘数分析

权益乘数受资产负债率的影响，反映企业的负债能力。企业的权益乘数越高，说明负债在资产总额中占有很大比重，这会使企业面临较高的财务风险，很容易出现贴现业务；权益乘数较低，说明企业财务形式比较平稳，负债较少，风险较小，获取高额利润的机会也不会很多。因此要求团队成员准确计算折旧，合理利用全部资产，安排好资本结构，既能避免出现财务风险，又能保证企业平稳获利。

$$资产负债率=负债总额÷资产总额×100\%$$

$$权益乘数=1÷(1-资产负债率)$$

5) 全成本分析

全成本分析是企业盈利能力分析指标之一，主要分析各项费用支出占销售收入的比重，从花费较高的费用支出入手，分析发生的原因，找到控制费用的有效办法。

第一年是企业的建设年，没有销售业务，需要合理地安排产品研发、市场开拓和ISO认证，同时支付管理费用。

第二年应该是比较困难的一年，因为企业刚起步，资金和产能有限，不仅要继续进行产品研发、市场开拓和ISO认证，还要支付管理费用、生产线维护折旧费用、贷款的利息支出、产品销售的广告费用等。这就需要在经营过程中，合理安排每一季度的各项费用支出，尽量不要出现失误。

第三、第四年应该是比较平稳的时期，企业逐步走向正轨，经营也基本正常，而且开始略有盈利，所有者权益开始上升，这时要把控住财务费用、广告费用等，尽量合理利用现有资金，不要认为"不差钱"就不怕"花钱"。

第五、第六年应该是企业迅速发展壮大的时期，如果资金允许，可以开始考虑扩大产能，这时大部分资金会投入购买厂房、生产线中，虽然产能扩大，但随着生产线和产成品的增加，维护费、折旧费和广告费就会上升较快，综合费用较高，如果订单不理想或单价不理想，毛利率也不会很高。

综上所述，在每一年的经营过程中，应当对所花的每一笔钱做到心中有数，同时要分析这些钱花得是否值，是否收到了预期的效果，如果没有达到理想结果应尽快调整思路，转变策略，形成投入产出比的合理化。

8. 学会分析评价

对于本企业的评价应当考虑如下两个比较实际的因素。

(1) "利润"。盈利的多少是整个战略决策的综合客观结果。利润是利润留存与当年净利润之和，利润越大，意味着"钱越赚越多"。

(2) 企业未来的发展。企业的发展应包括企业的各种有形资产和无形资产。购买厂房越多，意味着固定资产规模越大，租金费用减少，盈利能力增强；生产线决定了企业的生产能力，数量多、可转产，企业的产能会越来越大；ISO认证是一种投资回报，有ISO认证需要的订单一般价格和账期较好，可减少广告成本，增强获利；市场开拓也是企业的投资回报，市场宽广，选单易于达到"最大可销售量"，降低库存风险，加快资金周转；产品研发作为战略性投资回报，产品选择范围广，在市场开拓的配合下，可更好地定位单价较高、毛利较大的产品，增强企业的盈利能力。

6.4 具备企业家素质

企业是面向市场的，而市场是多变的，有时甚至是不可预测、充满危机的，企业可能会因此陷入困境，进退两难。这就要求管理者要有良好的企业家素质，具体包括危机意识、责任心和抗压能力。

1. 危机意识

过分乐观资金是经营团队经常出现的状况之一。在完成销售之后，取得了不错的销售利润，这时就会觉得赚钱其实很简单，而且不会再为资金问题而"发愁"，就容易出现盲目建线以期扩大产能而忽略分析市场，也会出现一味多投广告想要抢到相对理想订单而忽略分析对手。这样一来，很容易将辛苦打造的良好开局陷入被动，这就要求管理者在良好开局的情况下，也要时刻有危机意识，有长远的眼光，及时分析产品和市场的走势，及时了解对手的动态，在知己知彼的情况下，合理使用资金，逐步发展扩大企业经营规模。

2. 责任心

当进入相对拥挤的产品和市场时，这是每一个做沙盘的管理者最不愿意遇到的情况，但也是最逃避不了的情况。在看到市场预测和订单信息之后，每个团队都会选择市场相对宽松同时利润相对较高的产品和市场，这样就会造成某一种产品或市场相对拥挤，而其他产品和市场较为宽松。这时需要管理者放平心态，切忌焦虑急躁，一方面合理运用现有资金和产品获取合理利润，另一方面分析产品和市场寻求突破，在不利的情况下也能很好地经营下去。

3. 抗压能力

对于每个企业来说，全部选单满产，销售全部产品是最好的经营状态，合理的投资换取理想的回报。如果出现市场过于拥挤或产品交货期不理想，可能会出现积压库存的情况，这时作为管理者一定要稳定情绪，不能急躁灰心。在进行当年生产经营时优先按照订单完成生产任务，剩余产品可以作为战略库存保留，并且在当年第四季生产产品时优先考虑生产利润较高或市场较为拥挤的产品，保证下一年第一季能够选取理想订单销售库存。

6.5 培养团队合作精神

团队合作最重要。一个人无论有多能干，也不可能面面俱到。一个团队的领导者最重要的能力就是要协调并有效地利用资源，调动团队的积极性和队友的热情。

整个ERP沙盘训练的组织中，有总经理、财务总监、销售总监、生产总监、采购总监等岗位。总经理需要沉着冷静、有胆识，财务管理、市场分析和预测能力强，统领全局，监管进度，严把资金的出入；生产总监需要全程掌握生产动态，生产线的数量，产能的预测；销售总监需要时刻关注市场动态，取得市场产品的各种信息和对手的生产情况。生产总监需要根据订单及产能准确订购原材料，尽量少占用现金流，使资金利用合理，取得利润最大化；财务总监需要协助做好后勤保障工作，及时提供财务信息，合理进行贷款融资，确保企业能够正常运营。在强调"各司其职"的同时，还应强调各个部门之间的"团结与协作"。如果生产总监没有对市场进行详细的分析，就不知道应该开发什么样的产品和开拓什么市场；不知道开拓什么产品和市场，生产总监就无法计算正确的产量，也无法判断是否应该更新生产线；不知道排产和生产线的具体情况，采购总监就无法正确地更新材料订单；材料订单计算的不精准，又直接关系到财务总监的现金预算状况。而这一切都需要总经理的统筹安排和规划。

由此可见，所有角色是环环相扣、缺一不可的，只有一起为了共同的战略目标而努力，才能达到最大的效用。而要达到效用的最大，就必须做好各个角色之间的沟通和信任。当出现问题时，首先想到的是如何解决目前面临的困境，尽快从恶性循环中解脱出来，为确保以后能够良好运营赢得宝贵的时间；然后是从自身找原因，敢于承认自己的错误，确保在以后的工作中尽量不出现同样的错误。另外，其他成员也要以一颗宽容的心去对待同伴，认识到别人出现错误自己也有责任，因为他的工作与自己密切相关。在整个沙盘模拟过程中，团队成员并不是孤军奋战，也不是突显个人的超常能力，而是一个整体的团队在相互配合，在为了一个目标共同前进。

各管理人员填写的运行记录如图6-4～图6-8所示。

年初	参加订货会/登记销售订单	√			
	制订新年度计划	√			
1	季初现金盘点	√	√	√	√
2	更新短期贷款/还本付息	√	√	√	√
3	申请短期贷款	√	√	√	√
4	购买订购的原材料入库	√	√	√	√
5	下原料订单	√	√	√	√
6	更新生产/完工入库	√	√	√	√
7	投资新生产线/生产线到位	√	√	√	√
8	开始下一批生产	√	√	√	√
9	更新应收款/应收款收现	√	√	√	√
10	按订单交货	√	√	√	√
11	产品研发投资	√	√	√	√
12	支付行政管理费	√	√	√	√
13	其他现金收支情况登记	√	√	√	√
14	现金收入合计	√	√	√	√
15	现金支出合计	√	√	√	√
16	期末现金对账	√	√	√	√
年末	支付设备维护费				√
	计提折旧				√
	新市场开拓				√
	结账				√

图 6-4 总经理填写运行记录

年初	参加订货会/登记销售订单	-1			
	制订新年度计划	√			
1	季初现金盘点（请添余额）	2	3	0	17
2	更新短期贷款/还本付息	√	√	√	√
3	申请短期贷款	20	√	20	√
4	购买订购的原材料入库	-3	-1	-1	-5
5	下原料订单	√	√	√	√
6	更新生产/完工入库	√	√	√	√
7	投资新生产线/生产线到位	-12			
8	开始下一批生产	-3	-1	-1	-4
9	更新应收款/应收款收现	√	√	√	√
10	按订单交货	√	√	√	25
11	产品研发投资	√	√	√	√
12	支付行政管理费	-1	-1	-1	-1
13	其他现金收支情况登记	√	√	√	√
14	现金收入合计	20	0	20	25
15	现金支出合计	-19	-3	-3	-10
16	期末现金对账（请添余额）	3	0	17	32
年末	支付设备维护费				-4
	计提折旧				(5)
	新市场开拓				√
	结账				28

图 6-5 财务总监填写运行记录

任务清单	生产要素 (P1/P2)	一季度 P1	一季度 P2	二季度 P1	二季度 P2	三季度 P1	三季度 P2	四季度 P1	四季度 P2
1	季初产品库存盘点数量	0	0	0	0	0	0	1	0
2	更新贷款/还本付息	✓		✓		✓		✓	
3	申请贷款	✓		✓		✓		✓	
4	购买订购的原材料入库	0	0	0	0	0	0	0	0
5	下原料订单	0	0	0	0	0	0	0	0
6	更新生产/完工入库	0	0	0	0	1	0	4	0
7	投资新生产线/生产线到位	✓		✓		✓		✓	
8	开始下一批生产	0	0	0	0	0	0	0	0
9	更新应收款/应收款收现	✓		✓		✓		✓	
10	按订单交货	0	0	0	0	0	0	-5	0
11	产品研发投资	✓		✓		✓		✓	
12	支付行政管理费	✓		✓		✓		✓	
13	其他现金收支情况登记	✓		✓		✓		✓	
14	本季产品入库合计	0	0	0	0	1	0	4	0
15	本季产品出库合计	0	0	0	0	0	0	5	0
16	季末产品库存数量	0	0	0	0	1	0	0	0

图 6-6 销售总监填写运行记录

任务清单	生产要素 (P1/P2)	一季度 P1	一季度 P2	二季度 P1	二季度 P2	三季度 P1	三季度 P2	四季度 P1	四季度 P2
1	季初在制品盘点数量	0	0	3	0	4	0	4	0
2	更新贷款/还本付息	✓		✓		✓		✓	
3	申请贷款	✓		✓		✓		✓	
4	购买订购的原材料入库	0	0	0	0	0	0	0	0
5	下原料订单	0	0	0	0	0	0	0	0
6	更新生产/完工入库	0	0	0	0	-1	0	-4	0
7	投资新生产线/生产线到位	✓		✓		✓		✓	
8	开始下一批生产	3	0	1	0	1	0	4	0
9	更新应收款/应收款收现	✓		✓		✓		✓	
10	按订单交货	0	0	0	0	0	0	0	0
11	产品研发投资	✓		✓		✓		✓	
12	支付行政管理费	✓		✓		✓		✓	
13	其他现金收支情况登记	✓		✓		✓		✓	
14	本季在制品入库合计	3	0	1	0	1	0	4	0
15	本季在制品出库合计	0	0	0	0	1	0	4	0
16	季末在制品数量	3	0	4	0	4	0	4	0

图 6-7 生产总监填写运行记录

任务清单	生产要素 (R1/R2)	一季度 R1	一季度 R2	二季度 R1	二季度 R2	三季度 R1	三季度 R2	四季度 R1	四季度 R2
1	季初原料库存盘点数量	0	0	0	0	0	0	0	0
2	更新贷款/还本付息	✓		✓		✓		✓	
3	申请贷款	✓		✓		✓		✓	
4	购买订购的原材料入库	3	0	1	0	1	0	5	0
5	下原料订单	(1)	0	(1)	0	(5)	0	(1)	0
6	更新生产/完工入库	0	0	0	0	0	0	0	0
7	投资新生产线/生产线到位	✓		✓		✓		✓	
8	开始下一批生产	-3	0	-1	0	-1	0	-4	0
9	更新应收款/应收款收现	✓		✓		✓		✓	
10	按订单交货	0	0	0	0	0	0	0	0
11	产品研发投资	✓		✓		✓		✓	
12	支付行政管理费	✓		✓		✓		✓	
13	其他现金收支情况登记	✓		✓		✓		✓	
14	本季原料入库合计	3	0	1	0	1	0	5	0
15	本季原料出库合计	3	0	1	0	1	0	4	0
16	季末原料库存数量	0	0	0	0	0	0	1	0

图 6-8 采购总监填写运行记录

综上各图可以看出，每一年的独立经营其实都是所有团队成员互相配合的过程。团队成员契合度好，随时沟通交流，出现问题及时解决补救，在沙盘经营中是很重要的。

6.6　开拓创新思维

6.6.1　激发求知兴趣，培养创造性思维能力

1. 培养强烈的求知欲

竞争是一种互动关系，具有不确定性，竞争参与者的决策往往取决于环境的变化和竞争对手分析的结果。因此，无论选择何种方案进行运营，得到的结果都是不确定的，即使相同的规则预测、相同的产品市场、相同的对手、不变的方案，得到的结果也都是不相同的。正是这种未知性的存在，使沙盘运营蒙上了一层神秘的色彩，也使经营者乐在其中，激发了无限的兴趣。在经营过程中不停地去思考、应变，千方百计地适应当前的市场形势，或者扩大自己的优势，或者扭转自己的劣势。只有在这样不断的探索过程中，才会不断地激起好奇心和求知欲，使之不枯不竭，永为活水。

2. 发展直觉思维

在运营过程中，为了一些忽然灵光一闪的想法，有时会提出比较奇怪的问题或有大胆的想法假设，或者会为了解决一个难题而设想出多种新奇的方法、方案等。当这些想法纷至沓来时千万别怠慢了它们，因为有时敏锐的感觉、活跃的想象，都有可能为我们打开另一扇通向成功的大门。对于这些突如其来的新想法、新观念，要及时捕捉到信息，善于发展直觉思维并随手记录下来。

6.6.2　开拓知识领域，培养创造性思维能力

1. 培养思维的流畅性、灵活性和独创性

在整个经营过程中，虽然是团队各主管的默契配合，但各成员也应熟悉所有流程，在整个6年的经营过程中完整流畅的思维至关重要，一旦出现偏差，很有可能将辛苦经营的良好局面陷入被动境地。因此，沙盘模拟经营可用很好的、流畅的思维方式，灵活地运用所学知识去完成6年的经营，并且可以将独到的想法加入其中，以产生意想不到的效果。

2. 培养系统整合知识的能力

在沙盘运营期间，不仅使用了会计专业知识，还贯穿了物流专业、营销专业、统计专业等财经类学科的知识，因此需要团队所有成员对所有环节熟悉掌握，对所需财经专业知识灵活合理使用。从订购原材料、进行生产到产品销售、填制报表、计算数据，其实就是各类知识的整合过程，在这个过程中将各专业知识水到渠成地进行融合，发现新想法、新

创意，会产生意想不到的效果。

6.6.3 鼓励探索求异，培养创造性思维能力

1. 展开"幻想"的翅膀

在整个思考过程中，如果没有想象的参与，思考就会发生困难。经营战略是依据不同的市场环境和竞争环境随时调整的，立足现有的环境，才能让预先的计划跟上现有的变化。在整个过程中，需要预先模拟各种可能出现的状况，如市场拥挤怎么办？产品交货期账期不理想怎么办？选单不理想，产品单价较低怎么办？预想到最糟糕的情形，才能临危不惧，处变不惊。

2. 培养发散思维

发散思维，是指倘若一个问题可能有多种答案，那就以这个问题为中心，思考的方向往外散发，找出适当的答案，越多越好，而不是只找一个正确的答案。在这种思维中，可左冲右突，在所适合的各种答案中充分表现出思维的创造性成分。沙盘运营正是如此，虽然所有团队最终的目标只有一个，就是争取所有者权益最高，但是为了这个目标，过程不止一个，方案也不止一种，各种策略都会产生不同的效应，对手的细微变化也会造成不同的境况，这就要求我们不要一成不变地去看待、经营，找出适合自己的才是最好的。

◇ **做一做** ◇

- 在经营中后期时，根据自己的经营状况，为扩大产能做准备。
- 研发其他产品，增加生产线。

◇ **给点建议** ◇

发展战略不是一成不变的，要根据自己当前的经营情况和对手的发展情况及时调整。

资金的过度充裕其实并不一定能加速所有者权益的提高，因此要合理地使用资金，使资金"活"起来。例如，可以购买厂房，减少租金支出；可以扩大经营，多销售产品取得更高利润。

经营过程中，所有的想法、推算都要随手记录下来，并且及时讨论是否可行，成员之间的交流很重要，避免各自为战。

模块 7　模拟经营实操训练

7.1　模拟经营实操训练一

教学目标

- 知识目标：熟知生产制造型企业业务流程和管理流程，熟知企业内部工作岗位任务和岗位职责。
- 能力目标：能够遵循企业运营规则和流程，模拟完成筹集资金、投入生产、销售商品、核算利润以及做好市场营销的企业经营各环节。
- 素质目标：养成团队协作意识、保密意识，训练市场敏锐度和开拓创新精神。

适用范围

本规则适用于没有沙盘企业模拟经营基础，无经济、管理相关专业知识或已进行专业课程学习的中等职业技术院校学生。

配套订单

本规则配套教学订单方案有两套。
- 教学订单方案一：适用于6-8组企业参与经营(见附件1)。
- 教学订单方案二：适用于8-10组企业参与经营(见附件2)。

企业背景

- 市场环境：供不应求。
- 材料种类：R1、R2。
- 产品种类：P1、P2。
- 生产线种类：手工线、自动线。
- 厂房种类：大厂房、小厂房(购/租厂房上限2个)。
- 市场种类：本地、区域。

教学分组

每组5名组员,分工如下:总经理、财务总监、营销总监、采购总监、生产总监。

 运行方式及监督

模拟经营采用新创业者电子沙盘与实物沙盘相结合的方式。

 企业运营流程

企业运营流程须按照"运营情况记录表"中列示的流程严格执行。CEO按照经营记录表中指示的顺序发布执行指令,每项任务完成后,CEO须在任务完成后对应的方格中打勾。(详见附录)

每年经营结束后,每组须提交综合费用表、利润表和资产负债表。

 教学规则

1. 生产线

生产线信息如表7-1所示。

表7-1 生产线信息

生产线	购置费	安装周期	生产周期	维修费	残值	转产周期	转产费	分值
手工线	5W	无	3Q	0W/年	1W	无	无	5分
自动线	15W	3Q	1Q	2W/年	3W	1Q	2W	10分

(1) 不论何时出售生产线,从生产线净值中取出相当于残值的部分计入现金,净值与残值之差计入损失。

(2) 只有空闲的生产线方可转产。

(3) 已建成的生产线都要交维修费。

2. 折旧(平均年限法)

生产线折旧信息如表7-2所示。

表7-2 生产线折旧信息

生产线	购置费	残值	建成第1年	建成第2年	建成第3年	建成第4年	建成第5年
手工线	5W	1W	0W	1W	1W	1W	1W
自动线	15W	3W	0W	3W	3W	3W	3W

(1) 当生产线净值等于残值时生产线不再计提折旧,但可以继续使用。

(2) 当年生产线建成不计提折旧。

3. 厂房

厂房信息如表7-3所示。

表7-3 厂房信息

厂房	购买价格	租金	出售价格	容量	购买上限	分值
大厂房	40W	5W/年	40W	6条	1个	10分
小厂房	30W	3W/年	30W	4条	1个	7分

(1) 租用或购买厂房可以在任何季度进行。如果决定租用厂房或者厂房买转租，租金在开始租用时交付。

(2) 厂房租入后，租期结束后才可做租转买、退租等处理，如果没有重新选择，系统自动做续租处理，租金在"当季结束"时和"行政管理费"一并扣除。

(3) 如需新建生产线，则厂房须有空闲空间。

(4) 当厂房中没有生产线时，才可以选择退租。

(5) 厂房合计购/租上限为2个。

(6) 已购厂房随时可以按原值出售(如有租金须付清后才可出售，否则无法出售)，获得账期为4Q的应收款。

4. 融资

融资信息如表7-4所示。

表7-4 融资信息

贷款类型	贷款时间	贷款额度	年息	还款方式
长期贷款	每年度初	所有贷款不超过上一年所有者权益的3倍，不低于10W	10%	年初付息，到期还本
短期贷款	每季度初	所有贷款不超过上一年所有者权益的3倍，不低于10W	5%	到期一次还本付息
资金贴现	任何时间	不超过应收款额	10%(1季，2季) 12.5%(3季，4季)	贴现各账期分开核算，分开计息
库存拍卖	原材料八折(向下取整)，成品按成本价			

(1) 长期贷款期限为1—5年，短期贷款期限为四个季度(一年)。

(2) 长期贷款借入当年不付息，第二年年初开始，每年按年利率支付利息，到期还本时，支付最后一年利息。

(3) 短期贷款到期时，一次性还本付息。

(4) 长期贷款和短期贷款均不可提前还款。

(5) 如与参数冲突，以参数为准。

5. 市场准入

市场准入信息如表7-5所示。

表7-5　市场准入信息

市场	开发费用	时间	分值
本地	1W/年*1年=1W	1年	5分
区域	1W/年*1年=1W	1年	5分

市场开拓，只能在每年第四季度操作。

6. ISO认证

ISO认证信息如表7-6所示。

表7-6　ISO认证信息

市场	开发费用	时间	分值
ISO9000	1W/年*2年=2W	2年	8分
ISO14000	2W/年*2年=4W	2年	10分

ISO认证，只能在每年第四季度操作。

7. 产品研发

产品研发信息如表7-7所示。

表7-7　产品研发信息

名称	开发费用	开发周期	加工费	直接成本	产品组成	分值
P1	1W/季*2季=2W	2季	1W/个	2W/个	R1	7分
P2	1W/季*3季=3W	3季	1W/个	3W/个	R1+R2	8分

8. 原材料

原材料信息如表7-8所示。

表7-8　原材料信息

名称	购买价格	提前期
R1	1W/个	1季
R2	1W/个	1季

9. 紧急采购

(1) 付款即到货，可马上投入生产或销售，原材料紧急采购价格为直接成本的2倍，成品紧急采购价格为直接成本的3倍。即：紧急采购R1或R2，每个原材料单价为2W/个，紧急采购P1单价为6W/个，紧急采购P2单价为9W/个。

(2) 紧急采购原材料和产品时，直接扣除现金。上报报表时，成本仍然按照标准成本记录，紧急采购多付出的成本计入费用表"损失"。

(3) 如与参数冲突，以参数为准。

10. 选单规则

以当年本市场本产品广告额投放大小顺序依次选单；如果两组本市场本产品广告额相同，则看当年本市场广告投放总额；如果当年本市场广告总额也相同，则看上年该市场销售排名；如仍相同，先投广告者先选单。

如参数中选择有市场老大，老大有该市场所有产品优先选单权。

> ❖ **注意：**
>
> (1) 必须在倒计时大于5秒时选单，出现确认框要在3秒内按下确认按纽，否则可能造成选单无效。
>
> (2) 每组每轮选单只能先选择1张订单，待所有投放广告组完成第一轮选单后还有订单，该市场该产品广告额大于等于3W的组将获得第二轮选单机会，选单顺序和第一轮相同；第二轮选单完成后，该市场该产品广告额大于等于5W的组将获得第三轮选单机会，选单顺序和第一轮相同；以此类推。
>
> (3) 在某细分市场(如本地、P1)有多次选单机会，只要放弃一次，则视同放弃该细分市场所有选单机会。
>
> (4) 选单中有意外，请立即告知指导教师，指导教师将暂停倒计时。
>
> (5) 市场老大指上一年某市场内所有产品销售总额最多，且该市场没有违约的那家企业，如果出现多组销售总额相等，则市场无老大。

11. 取整规则

- 违约金扣除——四舍五入。
- 库存出售所得现金——向下取整。
- 贴现费用——向上取整。
- 贷款利息——四舍五入。

12. 重要参数

重要参数信息如表7-9所示。

表7-9 重要参数信息

违约金比例	20.00%	贷款额倍数	3倍
产品折价率	100.00%	原材料折价率	80.00%
长贷利率	10.00%	短贷利率	5.00%
1，2期贴现率	10.00%	3，4期贴现率	12.50%
初始现金	80 W	管理费	1 W
信息费	1 W	所得税率	25.00%
最大长贷年限	5 年	最小得单广告额	1 W
原材料紧急采购倍数	2 倍	产品紧急采购倍数	3 倍
选单时间	45 秒	首位选单补时	15 秒
市场同开数量	2	市场老大	无
竞单时间	90 秒	竞单同竞数	3
最大厂房数量	2个		

> ❖ **注意：**
> 每市场每产品选单时第一个组选单时间为60秒，自第二个组起，选单时间设为45秒。

13. 破产处理

当某组权益为负(指当年结束系统，生成资产负债表时为负)或现金断流时(即现金为负数，但权益和现金可以为零)，企业破产。

破产后，指导教师可通过注资等方式使其继续参与模拟经营实训。

14. 教学排名

教学结果以参加教学各组的第6年结束后的最终所有者权益进行评判，分数高者为优胜。

如果出现最终权益相等的情况，则参照各组第6年结束后的最终盘面计算盘面加分值，加分值高的组排名在前(排行榜只用于排名，不计入最终权益值)；如果加分值仍相等，则比较第6年净利润，高者排名靠前；如果还相等，则先完成第6年经营的组排名在前。

$$总成绩 = 所有者权益 \times (1 + 企业综合发展潜力/100)$$

$$企业综合发展潜力 = 市场资格分值 + ISO资格分值 + 生产资格分值 + 厂房分值 + 各条生产线分值$$

生产线建成(包括转产)即加分，无须生产出产品，也无须有在制品；厂房必须为买。

15. 关于摆盘和巡盘

教学过程中使用实物沙盘摆盘，只需要摆出当年结束状态，不要求中间过程。本次摆盘要求摆出生产线(含在制品)、生产线净值、在建工程、现金、应收款(包括金额与账期)、原材料库存、产成品库存、各种资格、摆厂房、原材料订单、各类费用；年末由指导教师统一发令，可观看其他组的盘面，不得向其他组询问摆盘信息之外的其他信息。巡盘期间至少留一人在本组。

附件1

教学订单方案一：适用于6-8组企业参与经营。

具体方案如图7-1所示。

市场预测表——均价

序号	年份	产品	本地	区域
1	第2年	P1	5.24	5.26
2	第2年	P2	7.11	7.26
3	第3年	P1	5.09	5.03
4	第3年	P2	7.24	7.15
5	第4年	P1	5.14	5.15
6	第4年	P2	7.18	7.21
7	第5年	P1	5.16	5.17
8	第5年	P2	7.21	7.08
9	第6年	P1	4.97	5.03
10	第6年	P2	7.18	7.13

市场预测表——需求量

序号	年份	产品	本地	区域
1	第2年	P1	46	39
2	第2年	P2	44	47
3	第3年	P1	54	60
4	第3年	P2	63	66
5	第4年	P1	65	59
6	第4年	P2	68	63
7	第5年	P1	81	76
8	第5年	P2	71	77
9	第6年	P1	64	78
10	第6年	P2	79	91

市场预测表——订单数量

序号	年份	产品	本地	区域
1	第2年	P1	17	16
2	第2年	P2	18	19
3	第3年	P1	20	23
4	第3年	P2	26	25
5	第4年	P1	27	26
6	第4年	P2	27	27
7	第5年	P1	30	29
8	第5年	P2	31	31
9	第6年	P1	29	32
10	第6年	P2	31	35

图 7-1　教学订单方案一

附件2

教学订单方案二：适用于8-10组企业参与经营。

具体方案如图7-2所示。

市场预测表——均价

序号	年份	产品	本地	区域
1	第2年	P1	5.39	5.08
2	第2年	P2	7.03	7.12
3	第3年	P1	5.14	5.13
4	第3年	P2	7.25	7.12
5	第4年	P1	4.96	5.09
6	第4年	P2	7.22	7.22
7	第5年	P1	5.01	5.2
8	第5年	P2	7.22	7.09
9	第6年	P1	5.11	5.24
10	第6年	P2	7.14	7.12

市场预测表——需求量

序号	年份	产品	本地	区域
1	第2年	P1	46	48
2	第2年	P2	60	52
3	第3年	P1	66	79
4	第3年	P2	63	72
5	第4年	P1	73	74
6	第4年	P2	82	92
7	第5年	P1	93	96
8	第5年	P2	92	112
9	第6年	P1	90	99
10	第6年	P2	113	108

市场预测表——订单数量

序号	年份	产品	本地	区域
1	第2年	P1	18	20
2	第2年	P2	23	19
3	第3年	P1	25	26
4	第3年	P2	27	29
5	第4年	P1	29	28
6	第4年	P2	34	35
7	第5年	P1	36	34
8	第5年	P2	39	39
9	第6年	P1	35	37
10	第6年	P2	42	41

图 7-2 教学订单方案二

7.2 模拟经营实操训练二

教学目标

- 知识目标：熟知生产制造型企业业务流程和管理流程，熟知企业内部工作岗位任务和岗位职责。
- 能力目标：能够遵循企业运营规则和流程，模拟完成筹集资金、投入生产、销售商品、核算利润以及做好市场营销的企业经营各环节。
- 素质目标：养成团队协作意识、保密意识，训练市场敏锐度和开拓创新精神。

适用范围

本规则适用于有一定沙盘基础，且有一定的经济、管理相关专业知识的中等职业技术院校学生。

配套订单

本规则配套教学订单方案有三套。
- 教学订单方案一：适用于6-8组企业参与经营(见附件3)。
- 教学订单方案二：适用于8-10组企业参与经营(见附件4)。
- 教学订单方案三：适用于12-15组企业参与经营(见附件5)。

企业背景

- 市场环境：供需平衡。
- 材料种类：R1、R2、R3。
- 产品种类：P1、P2、P3。
- 生产线种类：手工线、半自动线、自动线。
- 厂房种类：大厂房、小厂房(购/租厂房上限3个)。
- 市场种类：本地、区域、国内、亚洲。

教学分组

每组5名组员，分工如下：总经理、财务总监、营销总监、采购总监、生产总监。

运行方式及监督

模拟经营采用新创业者电子沙盘与实物沙盘相结合的方式。

 企业运营流程

企业运营流程须按照实训手册经营记录表中列示的流程严格执行。CEO按照经营记录表中指示的顺序发布执行指令,每项任务完成后,CEO须在任务完成后在对应的方格中打勾。(详见附录2)

每年经营结束后,每组须提交综合费用表、利润表和资产负债表。

 教学规则

1. 生产线

生产线信息如表7-10所示。

表7-10 生产线信息

生产线	购置费	安装周期	生产周期	维修费	残值	转产周期	转产费	分值
手工线	5W	无	3Q	0W/年	1W	无	无	5分
半自动线	10W	1Q	2Q	1W/年	2W	1Q	1W	7分
自动线	15W	3Q	1Q	2W/年	3W	1Q	2W	10分

(1) 不论何时出售生产线,从生产线净值中取出相当于残值的部分计入现金,净值与残值之差计入损失。

(2) 只有空闲的生产线方可转产。

(3) 已建成的生产线都要交维修费。

2. 折旧(平均年限法)

生产线折旧信息如表7-11所示。

表7-11 生产线折旧信息

生产线	购置费	残值	建成第1年	建成第2年	建成第3年	建成第4年	建成第5年
手工线	5W	1W	0W	1W	1W	1W	1W
半自动线	10W	2W	0W	2W	2W	2W	2W
自动线	15W	3W	0W	3W	3W	3W	3W

(1) 当生产线净值等于残值时生产线不再计提折旧,但可以继续使用。

(2) 当年生产线建成不计提折旧。

3. 厂房

厂房信息如表7-12所示。

表7-12 厂房信息

厂房	购买价格	租金	出售价格	容量	购租上限	分值
大厂房	40W	5W/年	40W	6条	2个	10分
小厂房	30W	3W/年	30W	4条	2个	7分

(1) 租用或购买厂房可以在任何季度进行。如果决定租用厂房或者厂房买转租，租金在开始租用时交付。

(2) 厂房租入后，租期结束后才可做租转买、退租等处理，如果没有重新选择，系统自动做续租处理，租金在"当季结束"时和"行政管理费"一并扣除。

(3) 如需新建生产线，则厂房须有空闲空间。

(4) 当厂房中没有生产线时，才可以选择退租。

(5) 厂房合计购/租上限为3个。

(6) 已购厂房随时可以按原值出售(如有租金须付清后才可出售，否则无法出售)，获得账期为4Q的应收款。

4. 融资

融资信息如表7-13所示。

表7-13 融资信息

贷款类型	贷款时间	贷款额度	年息	还款方式
长期贷款	每年度初	所有贷款不超过上一年所有者权益的3倍，不低于10W	10%	年初付息，到期还本
短期贷款	每季度初	所有贷款不超过上一年所有者权益的3倍，不低于10W	5%	到期一次还本付息
资金贴现	任何时间	视应收款额	10%(1季，2季) 12.5%(3季，4季)	贴现各账期分开核算，分开计息
库存拍卖	原材料八折(向下取整)，成品按成本价			

(1) 长期贷款期限为1—5年，短期贷款期限为四个季度(一年)。

(2) 长期贷款借入当年不付息，第二年年初开始，每年按年利率支付利息，到期还本时，支付最后一年利息。

(3) 短期贷款到期时，一次性还本付息。

(4) 长期贷款和短期贷款均不可提前还款。

(5) 如与参数冲突，以参数为准。

5. 市场准入

市场准入信息如表7-14所示。

表7-14　市场准入信息

市场	开发费用	时间	分值
本地	1W/年*1年=1W	1年	5分
区域	1W/年*1年=1W	1年	5分
国内	1W/年*2年=2W	2年	8分
亚洲	1W/年*3年=3W	3年	9分

市场开拓，只能在每年第四季度操作。

6. ISO认证

ISO认证信息如表7-15所示。

表7-15　ISO认证信息

市场	开发费用	时间	分值
ISO9000	1W/年*2年=2W	2年	8分
ISO14000	2W/年*2年=4W	2年	10分

ISO认证，只能在每年第四季度操作。

7. 产品研发

产品研发信息如表7-16所示。

表7-16　产品研发信息

名称	开发费用	开发周期	加工费	直接成本	产品组成	分值
P1	1W/季*2季=2W	2季	1W/个	2W/个	R1	7分
P2	1W/季*3季=3W	3季	1W/个	3W/个	R1+R2	8分
P3	1W/季*4季=4W	4季	1W/个	4W/个	R1+R2+R3	9分

8. 原材料

原材料信息如表7-17所示。

表7-17　原材料信息

名称	购买价格	提前期
R1	1W/个	1季
R2	1W/个	1季
R3	1W/个	2季

9. 紧急采购

(1) 付款即到货，可马上投入生产或销售，原材料紧急采购价格为直接成本的2倍，成品紧急采购价格为直接成本的3倍。即：紧急采购R1或R2，每个原材料单价为2W/个，紧急采购P1单价为6W/个，紧急采购P2单价为9W/个。

(2) 紧急采购原材料和产品时，直接扣除现金。上报报表时，成本仍然按照标准成本记录，紧急采购多付出的成本计入费用表"损失"。

(3) 如与参数冲突，以参数为准。

10. 选单规则

以当年本市场本产品广告额投放大小顺序依次选单；如果两组本市场本产品广告额相同，则看当年本市场广告投放总额；如果当年本市场广告总额也相同，则看上年该市场销售排名；如仍相同，先投广告者先选单。

如参数中选择有市场老大，老大有该市场所有产品优先选单权。

> **◆ 注意：**
>
> (1) 必须在倒计时大于5秒时选单，出现确认框要在3秒内按下确认按纽，否则可能造成选单无效。
>
> (2) 每组每轮选单只能先选择1张订单，待所有投放广告组完成第一轮选单后还有订单，该市场该产品广告额大于等于3W的组将获得第二轮选单机会，选单顺序和第一轮相同；第二轮选单完成后，该市场该产品广告额大于等于5W的组将获得第三轮选单机会，选单顺序和第一轮相同；以此类推。
>
> (3) 在某细分市场(如本地、P1)有多次选单机会，只要放弃一次，则视同放弃该细分市场所有选单机会。
>
> (4) 选单中有意外，请立即告知指导教师，指导教师将暂停倒计时。
>
> (5) 市场老大指上一年某市场内所有产品销售总额最多，且该市场没有违约的那家企业，如果出现多组销售总额相等，则市场无老大。

11. 取整规则

○ 违约金扣除——四舍五入。
○ 库存出售所得现金——向下取整。
○ 贴现费用——向上取整。
○ 贷款利息——四舍五入。

12. 重要参数

重要参数信息如表7-18所示。

表7-18 重要参数信息

违约金比例	20.00%	贷款额倍数	3倍
产品折价率	100.00%	原材料折价率	80.00%
长贷利率	10.00%	短贷利率	5.00%
1，2期贴现率	10.00%	3，4期贴现率	12.50%
初始现金	70 W	管理费	1 W
信息费	1 W	所得税率	25.00%
最大长贷年限	5年	最小得单广告额	1 W
原材料紧急采购倍数	2倍	产品紧急采购倍数	3倍
选单时间	45秒	首位选单补时	15秒
市场同开数量	4	市场老大	无
竞单时间	90秒	竞单同竞数	3
最大厂房数量	3个		

❖ **注意：**

每市场每产品选单时第一个组选单时间为60秒，自第二个组起，选单时间设为45秒。

13. 破产处理

当某组权益为负(指当年结束系统，生成资产负债表时为负)或现金断流时(即现金为负数，但权益和现金可以为零)，企业破产。

破产后，指导教师可通过注资等方式使其继续参与模拟经营实训。

14. 教学排名

教学结果以参加教学各组的第6年结束后的最终所有者权益进行评判，分数高者为优胜。

如果出现最终权益相等的情况，则参照各组第6年结束后的最终盘面计算盘面加分值，加分值高的组排名在前(排行榜只用于排名，不计入最终权益值)；如果加分值仍相等，则比较第6年净利润，高者排名靠前；如果还相等，则先完成第6年经营的组排名在前。

$$总成绩 = 所有者权益 \times (1 + 企业综合发展潜力/100)$$

$$企业综合发展潜力 = 市场资格分值 + ISO资格分值 + 生产资格分值 + 厂房分值 + 各条生产线分值$$

生产线建成(包括转产)即加分，无须生产出产品，也无须有在制品；厂房必须为买。

15. 关于摆盘和巡盘

教学过程中使用实物沙盘摆盘，只需要摆出当年结束状态，不要求中间过程。本次摆盘要求摆出生产线(含在制品)、生产线净值、在建工程、现金、应收款(包括金额与账期)、原材料库存、产成品库存、各种资格、摆厂房、原材料订单、各类费用；年末由指导教师统一发令，可观看其他组的盘面，不得向其他组询问摆盘信息之外的其他信息。巡盘期间至少留一人在本组。

附件3

教学订单方案一：适用于6-8组企业参与经营。

具体方案如图7-4所示。

市场预测表——均价

序号	年份	产品	本地	区域	国内	亚洲
1	第2年	P1	5.17	4.96	0	0
2	第2年	P2	7.3	7.3	0	0
3	第2年	P3	8.97	8.91	0	0
4	第3年	P1	5.04	4.94	5.24	0
5	第3年	P2	7	7.21	6.87	0
6	第3年	P3	8.72	8.61	8.62	0
7	第4年	P1	5.14	5	5.03	4.9
8	第4年	P2	7.33	7.14	7.21	6.97
9	第4年	P3	8.6	8.85	8.86	8.47
10	第5年	P1	5.26	5.3	5.14	5.23
11	第5年	P2	7.03	7.2	7.17	7.09
12	第5年	P3	8.79	8.62	8.59	9.07
13	第6年	P1	4.97	5.06	5.03	5.2
14	第6年	P2	7.19	7.06	7.06	7.13
15	第6年	P3	8.97	8.86	8.74	8.93

市场预测表——需求量

序号	年份	产品	本地	区域	国内	亚洲
1	第2年	P1	30	28	0	0
2	第2年	P2	37	37	0	0
3	第2年	P3	30	35	0	0
4	第3年	P1	28	36	37	0
5	第3年	P2	27	34	31	0
6	第3年	P3	29	38	37	0
7	第4年	P1	29	23	36	31
8	第4年	P2	30	36	28	36
9	第4年	P3	30	26	35	34
10	第5年	P1	27	27	37	30
11	第5年	P2	34	35	36	34
12	第5年	P3	33	34	37	27
13	第6年	P1	34	36	34	35
14	第6年	P2	27	34	32	30
15	第6年	P3	30	36	35	30

市场预测表——订单数量

序号	年份	产品	本地	区域	国内	亚洲
1	第2年	P1	13	13	0	0
2	第2年	P2	14	14	0	0
3	第2年	P3	13	13	0	0
4	第3年	P1	12	12	14	0
5	第3年	P2	13	13	13	0
6	第3年	P3	14	14	14	0
7	第4年	P1	14	11	14	14
8	第4年	P2	12	14	12	14
9	第4年	P3	13	12	13	14
10	第5年	P1	11	11	12	13
11	第5年	P2	13	14	14	14
12	第5年	P3	14	13	14	13
13	第6年	P1	14	14	14	14
14	第6年	P2	14	14	14	13
15	第6年	P3	14	14	14	12

图7-4　教学订单方案一

附件4

教学订单方案二：适用于8-10组企业参与经营。

具体方案如图7-5所示。

市场预测表——均价

序号	年份	产品	本地	区域	国内	亚洲
1	第2年	P1	5.1	5.28	0	0
2	第2年	P2	7.08	7.12	0	0
3	第2年	P3	8.62	8.52	0	0
4	第3年	P1	5.17	5.11	5.29	0
5	第3年	P2	7.08	7.15	7.13	0
6	第3年	P3	8.5	8.88	8.72	0
7	第4年	P1	5.03	5.21	4.94	5.27
8	第4年	P2	7.14	7.21	7.05	7.06
9	第4年	P3	8.49	8.58	8.56	8.78
10	第5年	P1	5.07	4.9	4.95	5
11	第5年	P2	6.95	7.14	7.04	6.87
12	第5年	P3	8.67	8.8	8.77	8.56
13	第6年	P1	4.95	5.13	4.97	5.2
14	第6年	P2	7.09	7	7.11	7.05
15	第6年	P3	8.5	8.68	8.53	8.53

市场预测表——需求量

序号	年份	产品	本地	区域	国内	亚洲
1	第2年	P1	39	32	0	0
2	第2年	P2	36	32	0	0
3	第2年	P3	37	27	0	0
4	第3年	P1	35	38	35	0
5	第3年	P2	37	39	45	0
6	第3年	P3	38	33	32	0
7	第4年	P1	38	34	35	44
8	第4年	P2	44	42	41	34
9	第4年	P3	41	36	41	32
10	第5年	P1	42	40	40	33
11	第5年	P2	42	44	45	31
12	第5年	P3	42	40	35	36
13	第6年	P1	43	47	37	35
14	第6年	P2	33	46	46	42
15	第6年	P3	38	31	38	38

市场预测表——订单数量

序号	年份	产品	本地	区域	国内	亚洲
1	第2年	P1	14	14	0	0
2	第2年	P2	14	12	0	0
3	第2年	P3	15	12	0	0
4	第3年	P1	15	15	15	0
5	第3年	P2	14	14	15	0
6	第3年	P3	15	16	14	0
7	第4年	P1	13	15	14	14
8	第4年	P2	16	15	16	15
9	第4年	P3	15	15	15	14
10	第5年	P1	16	15	16	15
11	第5年	P2	16	16	16	16
12	第5年	P3	16	16	16	16
13	第6年	P1	16	16	16	16
14	第6年	P2	16	16	16	16
15	第6年	P3	17	16	16	16

图7-5　教学订单方案二

附件5

教学订单方案三：适用于12-15组企业参与经营。

具体方案如图7-6所示。

市场预测表——均价

序号	年份	产品	本地	区域	国内	亚洲
1	第2年	P1	5.11	5.07	0	0
2	第2年	P2	6.97	7.09	0	0
3	第2年	P3	8.61	8.56	0	0
4	第3年	P1	5.22	5.19	5.11	0
5	第3年	P2	7	7.16	7.13	0
6	第3年	P3	8.67	8.48	8.5	0
7	第4年	P1	5.09	5.16	5.28	4.95
8	第4年	P2	6.9	7.2	7.23	7.22
9	第4年	P3	8.83	8.68	8.63	8.71
10	第5年	P1	5.08	5.3	5.15	5.2
11	第5年	P2	7	7.19	7.14	7.04
12	第5年	P3	8.43	8.52	8.82	8.55
13	第6年	P1	5.15	5.25	5.12	5.07
14	第6年	P2	6.98	7.09	7.05	7.15
15	第6年	P3	8.64	8.65	8.67	8.4

市场预测表——需求量

序号	年份	产品	本地	区域	国内	亚洲
1	第2年	P1	47	41	0	0
2	第2年	P2	36	33	0	0
3	第2年	P3	38	39	0	0
4	第3年	P1	32	36	45	0
5	第3年	P2	35	38	47	0
6	第3年	P3	42	44	42	0
7	第4年	P1	44	43	39	44
8	第4年	P2	40	41	47	32
9	第4年	P3	48	34	46	42
10	第5年	P1	38	43	40	40
11	第5年	P2	29	36	59	47
12	第5年	P3	47	48	50	44
13	第6年	P1	46	44	42	42
14	第6年	P2	50	46	43	40
15	第6年	P3	50	55	55	52

市场预测表——订单数量

序号	年份	产品	本地	区域	国内	亚洲
1	第2年	P1	16	17	0	0
2	第2年	P2	16	15	0	0
3	第2年	P3	17	16	0	0
4	第3年	P1	15	14	18	0
5	第3年	P2	14	16	18	0
6	第3年	P3	16	17	17	0
7	第4年	P1	16	16	14	18
8	第4年	P2	17	17	16	16
9	第4年	P3	20	15	17	16
10	第5年	P1	18	18	17	18
11	第5年	P2	16	17	22	18
12	第5年	P3	17	18	21	17
13	第6年	P1	18	17	20	19
14	第6年	P2	18	17	18	19
15	第6年	P3	19	20	21	19

图7-6 教学订单方案三

7.3 模拟经营实操训练三

教学目标

- 知识目标：熟知生产制造型企业业务流程和管理流程，熟知企业内部工作岗位任务和岗位职责。
- 能力目标：能够遵循企业运营规则和流程，模拟完成筹集资金、投入生产、销售商品、核算利润以及做好市场营销的企业经营各环节。
- 素质目标：养成团队协作意识、保密意识，训练市场敏锐度和开拓创新精神。

适用范围

本规则适用于有一定沙盘基础，且有一定的经济、管理相关专业知识的中等职业技术院校学生。

配套订单

本规则配套教学订单方案有四套。
- 教学订单方案一：适用于6-8组企业参与经营(见附件6)。
- 教学订单方案二：适用于8-10组企业参与经营(见附件7)。
- 教学订单方案三：适用于12-15组企业参与经营(见附件8)。
- 教学订单方案四：适用于18-20组企业参与经营(见附件9)。

企业背景

- 市场环境：供过于求。
- 材料种类：R1、R2、R3、R4。
- 产品种类：P1、P2、P3、P4。
- 生产线种类：手工线、半自动线、自动线、柔性线。
- 厂房种类：大厂房、小厂房(购/租厂房上限4个)。
- 市场种类：本地、区域、国内、亚洲、国际。

教学分组

每组5名组员，分工如下：总经理、财务总监、营销总监、采购总监、生产总监。

运行方式及监督

模拟经营采用新创业者电子沙盘与实物沙盘相结合的方式。

企业运营流程

企业运营流程须按照运营情况记录表中列示的流程严格执行。CEO按照经营记录表中指示的顺序发布执行指令，每项任务完成后，CEO须在任务完成后在对应的方格中打勾。(详见附录)

每年经营结束后，每组须提交综合费用表、利润表和资产负债表。

教学规则

1. 生产线

生产线信息如表7-19所示。

表7-19　生产线信息

生产线	购置费	安装周期	生产周期	维修费	残值	转产周期	转产费	分值
手工线	5W	无	3Q	0W/年	2W	无	无	5分
半自动线	10W	1Q	2Q	1W/年	2W	1Q	2W	7分
自动线	15W	3Q	1Q	2W/年	3W	1Q	2W	9分
柔性线	20W	4Q	1Q	2W/年	4W	无	无	10分

(1) 不论何时出售生产线，从生产线净值中取出相当于残值的部分计入现金，净值与残值之差计入损失。

(2) 只有空闲的生产线方可转产。

(3) 已建成的生产线都要交维修费。

2. 折旧(平均年限法)

生产线折旧信息如表7-20所示。

表7-20　生产线折旧信息

生产线	购置费	残值	建成第1年	建成第2年	建成第3年	建成第4年	建成第5年
手工线	5W	1W	0W	1W	1W	1W	1W
半自动线	10W	2W	0W	2W	2W	2W	2W
自动线	15W	3W	0W	3W	3W	3W	3W
柔性线	20W	4W	0W	4W	4W	4W	4W

(1) 值等于残值时生产线不再计提折旧，但可以继续使用．

(2) 建成第一年(当年)不计提折旧。

3. 厂房

厂房信息如表7-21所示。

表7-21　厂房信息

厂房	购买价格	租金	出售价格	容量	购买上限	分值
大厂房	30W	4W/年	30W	4条	3个	10分
小厂房	20W	3W/年	20W	3条	3个	7分

(1) 租用或购买厂房可以在任何季度进行。如果决定租用厂房或者厂房买转租，租金在开始租用时交付。

(2) 厂房租入后，租期结束后才可做租转买、退租等处理，如果没有重新选择，系统自动做续租处理，租金在"当季结束"时和"行政管理费"一并扣除。

(3) 如需新建生产线，则厂房须有空闲空间。

(4) 当厂房中没有生产线时，才可以选择退租。

(5) 厂房合计购/租上限为4个。

(6) 已购厂房随时可以按原值出售(如有租金须付清后才可出售，否则无法出售)，获得账期为4Q的应收款。

4. 融资

融资信息如表7-22所示。

表7-22　融资信息

贷款类型	贷款时间	贷款额度	年息	还款方式
长期贷款	每年度初	所有贷款不超过上一年所有者权益的3倍，不低于10W	10%	年初付息，到期还本
短期贷款	每季度初	所有贷款不超过上一年所有者权益的3倍，不低于10W	5%	到期一次还本付息
资金贴现	任何时间	视应收款额	10%(1季，2季) 12.5%(3季，4季)	变现时贴息，可对1，2季应收联合贴现(3，4季同理)
库存拍卖	原材料八折(向下取整)，成品按成本价			

(1) 长期贷款期限为1—5年，短期贷款期限为四个季度(一年)。

(2) 长期贷款借入当年不付息，第二年年初开始，每年按年利率支付利息，到期还本时，支付最后一年利息。

(3) 短期贷款到期时，一次性还本付息。

(4) 长期贷款和短期贷款均不可提前还款。

(5) 如与参数有冲突，以参数为准。

5. 市场准入

市场准入信息如表7-23所示。

表7-23　市场准入信息

市场	开发费用	时间	分值
本地	1W/年*1年=1W	1年	5分
区域	1W/年*1年=1W	1年	5分
国内	1W/年*2年=2W	2年	8分
亚洲	1W/年*3年=3W	3年	9分
国际	1W/年*4年=4W	4年	10分

市场开拓，只能在每年第四季度操作。

6. ISO认证

SO认证信息如表7-24所示。

表7-24　ISO认证信息

市场	开发费用	时间	分值
ISO9000	1W/年*2年=2W	2年	8分
ISO14000	2W/年*2年=4W	2年	10分

ISO认证，只能在每年第四季度操作。

7. 产品研发

产品研发信息如表7-25所示。

表7-25　产品研发信息

名称	开发费用	开发周期	加工费	直接成本	产品组成	分值
P1	1W/季*2季=2W	2季	1W/个	2W/个	R1	7分
P2	1W/季*3季=3W	3季	1W/个	3W/个	R2+R3	8分
P3	1W/季*4季=4W	4季	1W/个	4W/个	R1+R3+R4	9分
P4	1W/季*4季=5W	5季	1W/个	5W/个	R2+R3+2R4	10分

8. 原材料

原材料信息如表7-26所示。

表7-26　原材料信息

名称	购买价格	提前期
R1	1W/个	1季
R2	1W/个	1季
R3	1W/个	2季
R4	1W/个	2季

9. 紧急采购

(1) 付款即到货，可马上投入生产或销售，原材料紧急采购价格为直接成本的2倍，成品紧急采购价格为直接成本的3倍。即：紧急采购R1或R2，每个原材料单价为2W/个，紧急采购P1单价为6W/个，紧急采购P2单价为9W/个。

(2) 紧急采购原材料和产品时，直接扣除现金。上报报表时，成本仍然按照标准成本记录，紧急采购多付出的成本计入费用表"损失"。

(3) 如与参数冲突，以参数为准。

10. 选单规则

以当年本市场本产品广告额投放大小顺序依次选单；如果两组本市场本产品广告额相同，则看当年本市场广告投放总额；如果当年本市场广告总额也相同，则看上年该市场销售排名；如仍相同，先投广告者先选单。

如参数中选择有市场老大，老大有该市场所有产品优先选单权。

> ❖ **注意：**
>
> (1) 必须在倒计时大于5秒时选单，出现确认框要在3秒内按下确认按纽，否则可能造成选单无效。
>
> (2) 每组每轮选单只能先选择1张订单，待所有投放广告组完成第一轮选单后还有订单，该市场该产品广告额大于等于3W的组将获得第二轮选单机会，选单顺序和第一轮相同；第二轮选单完成后，该市场该产品广告额大于等于5W的组将获得第三轮选单机会，选单顺序和第一轮相同；以此类推。
>
> (3) 在某细分市场(如本地、P1)有多次选单机会，只要放弃一次，则视同放弃该细分市场所有选单机会。
>
> (4) 选单中有意外，请立即告知指导教师，指导教师将暂停倒计时。
>
> (5) 市场老大指上一年某市场内所有产品销售总额最多，且该市场没有违约的那家企业，如果出现多组销售总额相等，则市场无老大。

11. 取整规则

- 违约金扣除——四舍五入。
- 库存出售所得现金——向下取整。
- 贴现费用——向上取整。
- 贷款利息——四舍五入。

12. 重要参数

重要参数信息如表7-27所示。

表7-27　重要参数信息

违约金比例	20.00%	贷款额倍数	3倍
产品折价率	100.00%	原材料折价率	80.00%
长贷利率	10.00%	短贷利率	5.00%
1，2期贴现率	10.00%	3，4期贴现率	12.50%
初始现金	70 W	管理费	1 W
信息费	1 W	所得税率	25.00%
最大长贷年限	5 年	最小得单广告额	1 W
原材料紧急采购倍数	2 倍	产品紧急采购倍数	3 倍
选单时间	45 秒	首位选单补时	15 秒
市场同开数量	5	市场老大	无
竞单时间	90 秒	竞单同竞数	3
最大厂房数量	4个		

每市场每产品选单时第一个组选单时间为60秒，自第二个组起，选单时间设为45秒。

13. 破产处理

当某组权益为负(指当年结束系统，生成资产负债表时为负)或现金断流时(即现金为负数，但权益和现金可以为零)，企业破产。

破产后，指导教师可通过注资等方式使其继续参与模拟经营实训。

14. 教学排名

教学结果以参加教学各组的第6年结束后的最终所有者权益进行评判，分数高者为优胜。

如果出现最终权益相等的情况，则参照各组第6年结束后的最终盘面计算盘面加分值，加分值高的组排名在前(排行榜只用于排名，不计入最终权益值)；如果加分值仍相等，则比较第6年净利润，高者排名靠前；如果还相等，则先完成第6年经营的组排名在前。

$$总成绩=所有者权益×(1+企业综合发展潜力/100)$$

企业综合发展潜力=市场资格分值+ISO资格分值+生产资格分值+
厂房分值+各条生产线分值

生产线建成(包括转产)即加分，无须生产出产品，也无须有在制品；厂房必须为买。

15. 关于摆盘和巡盘

教学过程中使用实物沙盘摆盘，只需要摆出当年结束状态，不要求中间过程。本次摆盘要求摆出生产线(含在制品)、生产线净值、在建工程、现金、应收款(包括金额与账期)、原材料库存、产成品库存、各种资格、摆厂房、原材料订单、各类费用；年末由指导教师统一发令，可观看其他组的盘面，不得向其他组询问摆盘信息之外的其他信息。巡盘期间至少留一人在本组。

附件6

教学订单方案一：适用于6-8组企业参与经营。

具体方案如图7-7所示。

市场预测表——均价

序号	年份	产品	本地	区域	国内	亚洲	国际
1	第2年	P1	4.88	5.15	0	0	0
2	第2年	P2	7.08	7.38	0	0	0
3	第2年	P3	8.54	8.5	0	0	0
4	第2年	P4	10.62	10.67	0	0	0
5	第3年	P1	4.85	4.77	4.79	0	0
6	第3年	P2	6.86	6.88	0	0	0
7	第3年	P3	8.44	8.83	0	0	0
8	第3年	P4	0	9.92	10	0	0
9	第4年	P1	4.6	4.67	4.75	0	0
10	第4年	P2	6.5	0	0	6.44	0
11	第4年	P3	9.17	8.78	0	8.76	0
12	第4年	P4	9.6	10	10	0	0
13	第5年	P1	5.71	0	4.55	0	4.56
14	第5年	P2	6.44	6.62	6.56	6.86	0
15	第5年	P3	0	7.59	0	8.31	8.33
16	第5年	P4	8.84	9	0	9.29	0
17	第6年	P1	5.52	5.46	0	0	5.57
18	第6年	P2	7.41	0	7.29	0	7.22
19	第6年	P3	8.35	8.41	0	8.83	0
20	第6年	P4	0	9.33	10.12	0	9.53

市场预测表——需求量

序号	年份	产品	本地	区域	国内	亚洲	国际
1	第2年	P1	16	13	0	0	0
2	第2年	P2	12	16	0	0	0
3	第2年	P3	13	8	0	0	0
4	第2年	P4	8	6	0	0	0
5	第3年	P1	27	13	14	0	0
6	第3年	P2	22	17	0	0	0
7	第3年	P3	25	18	0	0	0
8	第3年	P4	0	12	10	0	0
9	第4年	P1	20	24	24	0	0
10	第4年	P2	22	0	0	16	0
11	第4年	P3	18	18	0	17	0
12	第4年	P4	15	15	24	0	0
13	第5年	P1	21	0	22	0	16
14	第5年	P2	16	13	18	14	0
15	第5年	P3	0	22	0	16	12
16	第5年	P4	19	18	0	14	0
17	第6年	P1	23	28	0	0	21
18	第6年	P2	17	0	17	0	23
19	第6年	P3	20	17	0	18	0
20	第6年	P4	0	15	16	0	15

市场预测表——订单数量

序号	年份	产品	本地	区域	国内	亚洲	国际
1	第2年	P1	6	5	0	0	0
2	第2年	P2	4	6	0	0	0
3	第2年	P3	5	4	0	0	0
4	第2年	P4	3	3	0	0	0
5	第3年	P1	8	5	5	0	0
6	第3年	P2	7	6	0	0	0
7	第3年	P3	8	5	0	0	0
8	第3年	P4	0	4	4	0	0
9	第4年	P1	6	7	7	0	0
10	第4年	P2	7	0	0	5	0
11	第4年	P3	6	5	0	5	0
12	第4年	P4	6	5	7	0	0
13	第5年	P1	6	0	6	0	5
14	第5年	P2	5	4	5	4	0
15	第5年	P3	0	6	0	5	4
16	第5年	P4	5	5	0	4	0
17	第6年	P1	6	6	0	0	5
18	第6年	P2	5	0	5	0	6
19	第6年	P3	5	4	0	5	0
20	第6年	P4	0	4	5	0	4

图7-7　教学订单方案一

附件7

教学订单方案二：适用于8-10组企业参与经营。

具体方案如图7-8所示。

市场预测表——均价

序号	年份	产品	本地	区域	国内	亚洲	国际
1	第2年	P1	4.85	5.07	0	0	0
2	第2年	P2	7.07	7.3	0	0	0
3	第2年	P3	8.47	8.55	0	0	0
4	第2年	P4	10.67	10.56	0	0	0
5	第3年	P1	4.85	4.73	4.74	0	0
6	第3年	P2	6.88	6.8	0	0	0
7	第3年	P3	8.46	8.8	0	0	0
8	第3年	P4	0	9.82	9.92	0	0
9	第4年	P1	4.58	4.67	4.7	0	0
10	第4年	P2	6.48	0	0	6.45	0
11	第4年	P3	9.19	8.8	0	8.76	0
12	第4年	P4	9.68	10	9.96	0	0
13	第5年	P1	5.65	0	4.58	0	4.62
14	第5年	P2	6.52	6.65	6.62	6.82	0
15	第5年	P3	0	7.62	0	8.35	8.4
16	第5年	P4	8.82	9	0	9.29	0
17	第6年	P1	5.5	5.48	0	0	5.52
18	第6年	P2	7.45	0	7.38	0	7.23
19	第6年	P3	8.3	8.38	0	8.82	0
20	第6年	P4	0	9.3	10	0	9.55

市场预测表——需求量

序号	年份	产品	本地	区域	国内	亚洲	国际
1	第2年	P1	20	15	0	0	0
2	第2年	P2	15	20	0	0	0
3	第2年	P3	15	11	0	0	0
4	第2年	P4	9	0	0	0	0
5	第3年	P1	33	15	19	0	0
6	第3年	P2	26	20	0	0	0
7	第3年	P3	28	20	0	0	0
8	第3年	P4	0	17	13	0	0
9	第4年	P1	24	27	27	0	0
10	第4年	P2	25	0	0	20	0
11	第4年	P3	21	20	0	17	0
12	第4年	P4	19	17	27	0	0
13	第5年	P1	26	0	26	0	21
14	第5年	P2	21	17	21	17	0
15	第5年	P3	0	26	0	20	15
16	第5年	P4	22	20	0	17	0
17	第6年	P1	26	31	0	0	25
18	第6年	P2	20	0	21	0	26
19	第6年	P3	23	21	0	22	0
20	第6年	P4	0	20	21	0	20

市场预测表——订单数量

序号	年份	产品	本地	区域	国内	亚洲	国际
1	第2年	P1	7	6	0	0	0
2	第2年	P2	6	7	0	0	0
3	第2年	P3	6	5	0	0	0
4	第2年	P4	4	4	0	0	0
5	第3年	P1	10	6	6	0	0
6	第3年	P2	8	7	0	0	0
7	第3年	P3	9	6	0	0	0
8	第3年	P4	0	5	5	0	0
9	第4年	P1	7	7	8	0	0
10	第4年	P2	8	0	0	6	0
11	第4年	P3	7	6	0	5	0
12	第4年	P4	7	6	8	0	0
13	第5年	P1	7	0	7	0	6
14	第5年	P2	6	5	6	5	0
15	第5年	P3	0	7	0	6	5
16	第5年	P4	6	6	0	6	0
17	第6年	P1	7	7	0	0	6
18	第6年	P2	6	0	6	0	7
19	第6年	P3	6	5	0	6	0
20	第6年	P4	0	5	6	0	5

图7-8 教学订单方案二

附件8

教学订单方案三：适用于12-15组企业参与经营。

具体方案如图7-9所示。

市场预测表——均价

序号	年份	产品	本地	区域	国内	亚洲	国际
1	第2年	P1	4.9	5.04	0	0	0
2	第2年	P2	7	7.29	0	0	0
3	第2年	P3	8.59	8.62	0	0	0
4	第2年	P4	10.57	10.53	0	0	0
5	第3年	P1	4.85	4.7	4.74	0	0
6	第3年	P2	6.88	6.79	0	0	0
7	第3年	P3	8.46	8.78	0	0	0
8	第3年	P4	0	9.78	9.75	0	0
9	第4年	P1	4.65	4.67	4.7	0	0
10	第4年	P2	6.51	0	0	6.46	0
11	第4年	P3	9.17	8.93	0	8.67	0
12	第4年	P4	9.69	9.88	9.96	0	0
13	第5年	P1	5.55	0	4.58	0	4.66
14	第5年	P2	6.5	6.67	6.61	6.83	0
15	第5年	P3	0	7.66	0	8.43	8.36
16	第5年	P4	8.75	8.93	0	9.19	0
17	第6年	P1	5.48	5.49	0	0	5.56
18	第6年	P2	7.39	0	7.36	0	7.29
19	第6年	P3	8.33	8.39	0	8.8	0
20	第6年	P4	0	9.3	10.07	0	9.56

市场预测表——需求量

序号	年份	产品	本地	区域	国内	亚洲	国际
1	第2年	P1	29	23	0	0	0
2	第2年	P2	22	28	0	0	0
3	第2年	P3	21	13	0	0	0
4	第2年	P4	14	15	0	0	0
5	第3年	P1	33	27	27	0	0
6	第3年	P2	26	29	0	0	0
7	第3年	P3	28	27	0	0	0
8	第3年	P4	0	23	20	0	0
9	第4年	P1	34	36	27	0	0
10	第4年	P2	35	0	0	28	0
11	第4年	P3	29	27	0	24	0
12	第4年	P4	26	25	27	0	0
13	第5年	P1	33	0	36	0	29
14	第5年	P2	28	24	28	24	0
15	第5年	P3	0	35	0	28	22
16	第5年	P4	32	29	0	26	0
17	第6年	P1	33	37	0	0	34
18	第6年	P2	28	0	28	0	35
19	第6年	P3	30	31	0	30	0
20	第6年	P4	0	27	30	0	27

市场预测表——订单数量

序号	年份	产品	本地	区域	国内	亚洲	国际
1	第2年	P1	9	8	0	0	0
2	第2年	P2	8	9	0	0	0
3	第2年	P3	8	6	0	0	0
4	第2年	P4	7	0	0	0	0
5	第3年	P1	10	9	9	0	0
6	第3年	P2	8	9	0	0	0
7	第3年	P3	9	9	0	0	0
8	第3年	P4	0	7	8	0	0
9	第4年	P1	10	9	8	0	0
10	第4年	P2	11	0	0	8	0
11	第4年	P3	9	8	0	7	0
12	第4年	P4	9	8	8	0	0
13	第5年	P1	9	0	10	0	8
14	第5年	P2	8	7	8	7	0
15	第5年	P3	0	10	0	8	7
16	第5年	P4	9	8	0	8	0
17	第6年	P1	9	9	0	0	8
18	第6年	P2	8	0	8	0	9
19	第6年	P3	8	7	0	8	0
20	第6年	P4	0	7	8	0	7

图7-9　教学订单方案三

附件9

教学订单方案四：适用于18-20组企业参与经营。

具体方案如图7-10所示。

市场预测表——均价

序号	年份	产品	本地	区域	国内	亚洲	国际
1	第2年	P1	4.98	5.06	0	0	0
2	第2年	P2	6.93	7.26	0	0	0
3	第2年	P3	8.59	8.55	0	0	0
4	第2年	P4	10.59	10.6	0	0	0
5	第3年	P1	4.78	4.75	4.73	0	0
6	第3年	P2	6.8	6.83	0	0	0
7	第3年	P3	8.46	8.74	0	0	0
8	第3年	P4	0	9.78	9.78	0	0
9	第4年	P1	4.66	4.67	4.72	0	0
10	第4年	P2	6.51	0	0	6.47	0
11	第4年	P3	9.12	8.92	0	8.7	0
12	第4年	P4	9.69	9.97	9.92	0	0
13	第5年	P1	5.48	0	4.6	0	4.66
14	第5年	P2	6.46	6.59	6.58	6.89	0
15	第5年	P3	0	7.65	0	8.37	8.39
16	第5年	P4	8.77	8.93	0	9.21	0
17	第6年	P1	5.45	5.47	0	0	5.57
18	第6年	P2	7.4	0	7.38	0	7.3
19	第6年	P3	8.37	8.37	0	8.74	0
20	第6年	P4	0	9.27	10	0	9.58

市场预测表——需求量

序号	年份	产品	本地	区域	国内	亚洲	国际
1	第2年	P1	44	32	0	0	0
2	第2年	P2	29	39	0	0	0
3	第2年	P3	29	20	0	0	0
4	第2年	P4	17	20	0	0	0
5	第3年	P1	45	36	37	0	0
6	第3年	P2	35	36	0	0	0
7	第3年	P3	37	34	0	0	0
8	第3年	P4	0	32	27	0	0
9	第4年	P1	50	46	36	0	0
10	第4年	P2	49	0	0	43	0
11	第4年	P3	33	36	0	33	0
12	第4年	P4	35	34	38	0	0
13	第5年	P1	50	0	52	0	44
14	第5年	P2	41	34	38	37	0
15	第5年	P3	0	48	0	41	31
16	第5年	P4	44	43	0	42	0
17	第6年	P1	55	49	0	0	54
18	第6年	P2	40	0	40	0	47
19	第6年	P3	46	43	0	43	0
20	第6年	P4	0	40	43	0	36

市场预测表——订单数量

序号	年份	产品	本地	区域	国内	亚洲	国际
1	第2年	P1	13	11	0	0	0
2	第2年	P2	11	13	0	0	0
3	第2年	P3	11	8	0	0	0
4	第2年	P4	8	8	0	0	0
5	第3年	P1	13	11	12	0	0
6	第3年	P2	11	11	0	0	0
7	第3年	P3	11	11	0	0	0
8	第3年	P4	0	10	10	0	0
9	第4年	P1	14	12	11	0	0
10	第4年	P2	15	0	0	12	0
11	第4年	P3	10	11	0	10	0
12	第4年	P4	11	11	11	0	0
13	第5年	P1	13	0	14	0	12
14	第5年	P2	11	10	11	10	0
15	第5年	P3	0	13	0	11	9
16	第5年	P4	12	12	0	11	0
17	第6年	P1	14	12	0	0	12
18	第6年	P2	11	0	11	0	12
19	第6年	P3	12	9	0	12	0
20	第6年	P4	0	10	11	0	9

图7-10　教学订单方案四

附录 企业模拟经营记录表

第一年运营情况记录表1

		手工操作流程	系统操作	手工记录
年初		新年度规划会议		
		广告投放	输入广告费并确认	
		参加订货会和竞单会/登记订单	选单	
		支付应付税	系统自动	
		支付长贷利息	系统自动	
		更新长期贷款/长期贷款还款	系统自动	
		申请长期贷款	输入贷款数额并确认	
	1	季初盘点(请填余额)	产品下线,生产线完工(自动)	
	2	更新短期贷款/短期贷款还本付息	系统自动	
	3	申请短期贷款	输入贷款数额并确认	
	4	原材料入库/更新原料订单	需要确认金额	
	5	下原料订单	输入并确认	
	6	购买/租用一厂房	选择并确认,自动扣现金	
	7	更新生产/完工入库	系统自动	
	8	新建/在建/转产/变卖一生产线	选择并确认	
	9	紧急采购(随时进行)	随时进行输入并确认	
	10	开始下一批生产	选择并确认	
	11	更新应收款/应收款收现	需要输入到期金额	
	12	按订单交货	选择交货订单并确认	
	13	产品研发投资	选择并确认	
	14	厂房一出售(买转租)/退租/租转买	选择并确认,自动转应收款	
	15	新市场开拓/ISO资格投资	仅第四季允许操作	
	16	支付管理费/更新厂房租金	系统自动	
	17	出售库存	输入并确认(随时进行)	
	18	厂房贴现	随时进行	
	19	应收款贴现/信息费	输入并确认(随时进行)	
	20	季末收入合计		
	21	季末支出合计		
	22	季末数额对账[(1)+(20)-(21)]		
年末		缴纳违约订单罚款	系统自动	
		支付设备维护费	系统自动	
		计提折旧	系统自动	( )
		新市场/ISO资格换证	系统自动	
		结账		

第一年运营情况记录表2

任务清单		生产要素(P1/P2)							
		一季度		二季度		三季度		四季度	
		P1	P2	P1	P2	P1	P2	P1	P2
1	季初产品库存/在制品/原料库存盘点数量								
2	更新贷款/还本付息								
3	申请贷款								
4	购买订购的原材料入库								
5	下原料订单								
6	更新生产/完工入库								
7	投资新生产线/生产线到位								
8	开始下一批生产								
9	更新应收款/应收款收现								
10	按订单交货								
11	产品研发投资								
12	支付行政管理费								
13	其他现金收支情况登记								
14	季末产品/在制品/原料入库合计								
15	季末产品/在制品/原料出库合计								
16	季末产品/在制品/原料库存数量								

注：1. 生产要素(P1/P2)可根据实际经营情况调整。

2. 运营情况记录表1由总经理(CEO)和财务总监(CFO)使用，每完成一项任务，总经理在对应位置画"√"，监控企业整体运营情况；财务总监在涉及财务收支的任务处记录财务收支实际情况，收入用"+金额"表示，支出用"−金额"表示。

3. 运营情况记录表2由销售总监、生产总监、采购总监使用，分别记录产品、在制品、原料的收支情况。

第一年订单登记表

订单登记表

市场								
产品								
数量								
交货期								
应收款账期								
销售额								
成本								
毛利								

第一年产品核算统计表

产品核算统计表

	P1	P2	P3	P4	P5	合计
数量						
销售额						
成本						
毛利						

第一年财务三表

综合费用表

项目	金额
管理费	
广告费	
设备维护费	
转产费	
厂房租金	
新市场开拓	
产品研发	
ISO资格认证	
信息费	
其他	
合计	

利润表

项目	金额
销售收入	
直接成本	
毛利	
综合费用	
折旧前利润	
折旧	
支付利息前利润	
财务费用	
税前利润	
所得税	
年度净利润	

资产负债表

项目	金额	项目	金额
现金		长期负债	
应收款		短期负债	
在制品		应交所得税	
产成品		—	—
原材料		—	—
流动资产合计		**负债合计**	
土地和建筑		股东资本	
机器与设备		利润留存	
在建工程		年度净利	
固定资产合计		**所有者权益合计**	
资产总计		**负债和所有者权益总计**	

注：库存折价拍卖、生产线变卖、紧急采购、订单违约计入"其他"；每年经营结束请按照此表录入电子报表并提交到服务器核对。

第二年运营情况记录表1

		手工操作流程	系统操作	手工记录
年初		新年度规划会议		
		广告投放	输入广告费并确认	
		参加订货会和竞单会/登记订单	选单	
		支付应付税	系统自动	
		支付长贷利息	系统自动	
		更新长期贷款/长期贷款还款	系统自动	
		申请长期贷款	输入贷款数额并确认	
	1	季初盘点(请填余额)	产品下线，生产线完工(自动)	
	2	更新短期贷款/短期贷款还本付息	系统自动	
	3	申请短期贷款	输入贷款数额并确认	
	4	原材料入库/更新原料订单	需要确认金额	
	5	下原料订单	输入并确认	
	6	购买/租用—厂房	选择并确认，自动扣现金	
	7	更新生产/完工入库	系统自动	
	8	新建/在建/转产/变卖—生产线	选择并确认	
	9	紧急采购(随时进行)	随时进行输入并确认	
	10	开始下一批生产	选择并确认	
	11	更新应收款/应收款收现	需要输入到期金额	
	12	按订单交货	选择交货订单并确认	
	13	产品研发投资	选择并确认	
	14	厂房—出售(买转租)/退租/租转买	选择并确认，自动转应收款	
	15	新市场开拓/ISO资格投资	仅第四季允许操作	
	16	支付管理费/更新厂房租金	系统自动	
	17	出售库存	输入并确认(随时进行)	
	18	厂房贴现	随时进行	
	19	应收款贴现/信息费	输入并确认(随时进行)	
	20	季末收入合计		
	21	季末支出合计		
	22	季末数额对账[(1)+(20)-(21)]		
年末		缴纳违约订单罚款	系统自动	
		支付设备维护费	系统自动	
		计提折旧	系统自动	( )
		新市场/ISO资格换证	系统自动	
		结账		

第二年运营情况记录表2

	任务清单	生产要素(P1/P2)							
		一季度		二季度		三季度		四季度	
		P1	P2	P1	P2	P1	P2	P1	P2
1	季初产品库存/在制品/原料库存盘点数量								
2	更新贷款/还本付息								
3	申请贷款								
4	购买订购的原材料入库								
5	下原料订单								
6	更新生产/完工入库								
7	投资新生产线/生产线到位								
8	开始下一批生产								
9	更新应收款/应收款收现								
10	按订单交货								
11	产品研发投资								
12	支付行政管理费								
13	其他现金收支情况登记								
14	季末产品/在制品/原料入库合计								
15	季末产品/在制品/原料出库合计								
16	季末产品/在制品/原料库存数量								

注：1. 生产要素(P1/P2)可根据实际经营情况调整。

2. 运营情况记录表1由总经理(CEO)和财务总监(CFO)使用，每完成一项任务，总经理在对应位置画"√"，监控企业整体运营情况；财务总监在涉及财务收支的任务处记录财务收支实际情况，收入用"+金额"表示，支出用"-金额"表示。

3. 运营情况记录表2由销售总监、生产总监、采购总监使用，分别记录产品、在制品、原料的收支情况。

第二年订单登记表

订单登记表

市场						
产品						
数量						
交货期						
应收款账期						
销售额						
成本						
毛利						

第二年产品核算统计表

产品核算统计表

	P1	P2	P3	P4	P5	合计
数量						
销售额						
成本						
毛利						

第二年财务三表

综合费用表

项目	金额
管理费	
广告费	
设备维护费	
转产费	
厂房租金	
新市场开拓	
产品研发	
ISO资格认证	
信息费	
其他	
合计	

利润表

项目	金额
销售收入	
直接成本	
毛利	
综合费用	
折旧前利润	
折旧	
支付利息前利润	
财务费用	
税前利润	
所得税	
年度净利润	

资产负债表

项目	金额	项目	金额
现金		长期负债	
应收款		短期负债	
在制品		应交所得税	
产成品		—	—
原材料		—	—
流动资产合计		**负债合计**	
土地和建筑		股东资本	
机器与设备		利润留存	
在建工程		年度净利	
固定资产合计		**所有者权益合计**	
资产总计		**负债和所有者权益总计**	

注:库存折价拍卖、生产线变卖、紧急采购、订单违约计入"其他";每年经营结束请按照此表录入电子报表并提交到服务器核对。

第三年运营情况记录表1

	手工操作流程	系统操作	手工记录
年初	新年度规划会议		
	广告投放	输入广告费并确认	
	参加订货会和竞单会/登记订单	选单	
	支付应付税	系统自动	
	支付长贷利息	系统自动	
	更新长期贷款/长期贷款还款	系统自动	
	申请长期贷款	输入贷款数额并确认	
1	季初盘点(请填余额)	产品下线,生产线完工(自动)	
2	更新短期贷款/短期贷款还本付息	系统自动	
3	申请短期贷款	输入贷款数额并确认	
4	原材料入库/更新原料订单	需要确认金额	
5	下原料订单	输入并确认	
6	购买/租用—厂房	选择并确认,自动扣现金	
7	更新生产/完工入库	系统自动	
8	新建/在建/转产/变卖—生产线	选择并确认	
9	紧急采购(随时进行)	随时进行输入并确认	
10	开始下一批生产	选择并确认	
11	更新应收款/应收款收现	需要输入到期金额	
12	按订单交货	选择交货订单并确认	
13	产品研发投资	选择并确认	
14	厂房—出售(买转租)/退租/租转买	选择并确认,自动转应收款	
15	新市场开拓/ISO资格投资	仅第四季允许操作	
16	支付管理费/更新厂房租金	系统自动	
17	出售库存	输入并确认(随时进行)	
18	厂房贴现	随时进行	
19	应收款贴现/信息费	输入并确认(随时进行)	
20	季末收入合计		
21	季末支出合计		
22	季末数额对账[(1)+(20)−(21)]		
年末	缴纳违约订单罚款	系统自动	
	支付设备维护费	系统自动	
	计提折旧	系统自动	( )
	新市场/ISO资格换证	系统自动	
	结账		

第三年运营情况记录表2

任务清单		生产要素(P1/P2)							
		一季度		二季度		三季度		四季度	
		P1	P2	P1	P2	P1	P2	P1	P2
1	季初产品库存/在制品/原料库存盘点数量								
2	更新贷款/还本付息								
3	申请贷款								
4	购买订购的原材料入库								
5	下原料订单								
6	更新生产/完工入库								
7	投资新生产线/生产线到位								
8	开始下一批生产								
9	更新应收款/应付款收现								
10	按订单交货								
11	产品研发投资								
12	支付行政管理费								
13	其他现金收支情况登记								
14	季末产品/在制品/原料入库合计								
15	季末产品/在制品/原料出库合计								
16	季末产品/在制品/原料库存数量								

注：1. 生产要素(P1/P2)可根据实际经营情况调整。

2. 运营情况记录表1由总经理(CEO)和财务总监(CFO)使用，每完成一项任务，总经理在对应位置画"√"，监控企业整体运营情况；财务总监在涉及财务收支的任务处记录财务收支实际情况，收入用"+金额"表示，支出用"-金额"表示。

3. 运营情况记录表2由销售总监、生产总监、采购总监使用，分别记录产品、在制品、原料的收支情况。

第三年订单登记表

订单登记表

市场								
产品								
数量								
交货期								
应收款账期								
销售额								
成本								
毛利								

第三年产品核算统计表

产品核算统计表

	P1	P2	P3	P4	P5	合计
数量						
销售额						
成本						
毛利						

第三年财务三表

综合费用表

项目	金额
管理费	
广告费	
设备维护费	
转产费	
厂房租金	
新市场开拓	
产品研发	
ISO资格认证	
信息费	
其他	
合计	

利润表

项目	金额
销售收入	
直接成本	
毛利	
综合费用	
折旧前利润	
折旧	
支付利息前利润	
财务费用	
税前利润	
所得税	
年度净利润	

资产负债表

项目	金额	项目	金额
现金		长期负债	
应收款		短期负债	
在制品		应交所得税	
产成品		—	—
原材料		—	—
流动资产合计		负债合计	
土地和建筑		股东资本	
机器与设备		利润留存	
在建工程		年度净利	
固定资产合计		所有者权益合计	
资产总计		负债和所有者权益总计	

注：库存折价拍卖、生产线变卖、紧急采购、订单违约计入"其他"；每年经营结束请按照此表录入电子报表并提交到服务器核对。

第四年运营情况记录表1

		手工操作流程	系统操作	手工记录
年初		新年度规划会议		
		广告投放	输入广告费并确认	
		参加订货会和竞单会/登记订单	选单	
		支付应付税	系统自动	
		支付长贷利息	系统自动	
		更新长期贷款/长期贷款还款	系统自动	
		申请长期贷款	输入贷款数额并确认	
	1	季初盘点(请填余额)	产品下线，生产线完工(自动)	
	2	更新短期贷款/短期贷款还本付息	系统自动	
	3	申请短期贷款	输入贷款数额并确认	
	4	原材料入库/更新原料订单	需要确认金额	
	5	下原料订单	输入并确认	
	6	购买/租用一厂房	选择并确认，自动扣现金	
	7	更新生产/完工入库	系统自动	
	8	新建/在建/转产/变卖一生产线	选择并确认	
	9	紧急采购(随时进行)	随时进行输入并确认	
	10	开始下一批生产	选择并确认	
	11	更新应收款/应收款收现	需要输入到期金额	
	12	按订单交货	选择交货订单并确认	
	13	产品研发投资	选择并确认	
	14	厂房一出售(买转租)/退租/租转买	选择并确认，自动转应收款	
	15	新市场开拓/ISO资格投资	仅第四季允许操作	
	16	支付管理费/更新厂房租金	系统自动	
	17	出售库存	输入并确认(随时进行)	
	18	厂房贴现	随时进行	
	19	应收款贴现/信息费	输入并确认(随时进行)	
	20	季末收入合计		
	21	季末支出合计		
	22	季末数额对账[(1)+(20)-(21)]		
年末		缴纳违约订单罚款	系统自动	
		支付设备维护费	系统自动	
		计提折旧	系统自动	( )
		新市场/ISO资格换证	系统自动	
		结账		

第四年运营情况记录表2

	任务清单	生产要素(P1/P2)							
		一季度		二季度		三季度		四季度	
		P1	P2	P1	P2	P1	P2	P1	P2
1	季初产品库存/在制品/原料库存盘点数量								
2	更新贷款/还本付息								
3	申请贷款								
4	购买订购的原材料入库								
5	下原料订单								
6	更新生产/完工入库								
7	投资新生产线/生产线到位								
8	开始下一批生产								
9	更新应收款/应收款收现								
10	按订单交货								
11	产品研发投资								
12	支付行政管理费								
13	其他现金收支情况登记								
14	季末产品/在制品/原料入库合计								
15	季末产品/在制品/原料出库合计								
16	季末产品/在制品/原料库存数量								

注：1. 生产要素(P1/P2)可根据实际经营情况调整。

2. 运营情况记录表1由总经理(CEO)和财务总监(CFO)使用，每完成一项任务，总经理在对应位置画"√"，监控企业整体运营情况；财务总监在涉及财务收支的任务处记录财务收支实际情况，收入用"+金额"表示，支出用"-金额"表示。

3. 运营情况记录表2由销售总监、生产总监、采购总监使用，分别记录产品、在制品、原料的收支情况。

第四年订单登记表

订单登记表

市场				
产品				
数量				
交货期				
应收款账期				
销售额				
成本				
毛利				

第四年产品核算统计表

产品核算统计表

	P1	P2	P3	P4	P5	合计
数量						
销售额						
成本						
毛利						

第四年财务三表

综合费用表

项目	金额
管理费	
广告费	
设备维护费	
转产费	
厂房租金	
新市场开拓	
产品研发	
ISO资格认证	
信息费	
其他	
合计	

利润表

项目	金额
销售收入	
直接成本	
毛利	
综合费用	
折旧前利润	
折旧	
支付利息前利润	
财务费用	
税前利润	
所得税	
年度净利润	

资产负债表

项目	金额	项目	金额
现金		长期负债	
应收款		短期负债	
在制品		应交所得税	
产成品		—	—
原材料		—	—
流动资产合计		**负债合计**	
土地和建筑		股东资本	
机器与设备		利润留存	
在建工程		年度净利	
固定资产合计		**所有者权益合计**	
资产总计		**负债和所有者权益总计**	

注：库存折价拍卖、生产线变卖、紧急采购、订单违约计入"其他"；每年经营结束请按照此表录入电子报表并提交到服务器核对。

第五年运营情况记录表1

	手工操作流程	系统操作	手工记录
年初	新年度规划会议		
	广告投放	输入广告费并确认	
	参加订货会和竞单会/登记订单	选单	
	支付应付税	系统自动	
	支付长贷利息	系统自动	
	更新长期贷款/长期贷款还款	系统自动	
	申请长期贷款	输入贷款数额并确认	
1	季初盘点(请填余额)	产品下线,生产线完工(自动)	
2	更新短期贷款/短期贷款还本付息	系统自动	
3	申请短期贷款	输入贷款数额并确认	
4	原材料入库/更新原料订单	需要确认金额	
5	下原料订单	输入并确认	
6	购买/租用—厂房	选择并确认,自动扣现金	
7	更新生产/完工入库	系统自动	
8	新建/在建/转产/变卖—生产线	选择并确认	
9	紧急采购(随时进行)	随时进行输入并确认	
10	开始下一批生产	选择并确认	
11	更新应收款/应收款收现	需要输入到期金额	
12	按订单交货	选择交货订单并确认	
13	产品研发投资	选择并确认	
14	厂房—出售(买转租)/退租/租转买	选择并确认,自动转应收款	
15	新市场开拓/ISO资格投资	仅第四季允许操作	
16	支付管理费/更新厂房租金	系统自动	
17	出售库存	输入并确认(随时进行)	
18	厂房贴现	随时进行	
19	应收款贴现/信息费	输入并确认(随时进行)	
20	季末收入合计		
21	季末支出合计		
22	季末数额对账[(1)+(20)-(21)]		
年末	缴纳违约订单罚款	系统自动	
	支付设备维护费	系统自动	
	计提折旧	系统自动	( )
	新市场/ISO资格换证	系统自动	
	结账		

第五年运营情况记录表2

	任务清单	生产要素(P1/P2)							
		一季度		二季度		三季度		四季度	
		P1	P2	P1	P2	P1	P2	P1	P2
1	季初产品库存/在制品/原料库存盘点数量								
2	更新贷款/还本付息								
3	申请贷款								
4	购买订购的原材料入库								
5	下原料订单								
6	更新生产/完工入库								
7	投资新生产线/生产线到位								
8	开始下一批生产								
9	更新应收款/应收款收现								
10	按订单交货								
11	产品研发投资								
12	支付行政管理费								
13	其他现金收支情况登记								
14	季末产品/在制品/原料入库合计								
15	季末产品/在制品/原料出库合计								
16	季末产品/在制品/原料库存数量								

注：1. 生产要素(P1/P2)可根据实际经营情况调整。

2. 运营情况记录表1由总经理(CEO)和财务总监(CFO)使用，每完成一项任务，总经理在对应位置画"√"，监控企业整体运营情况；财务总监在涉及财务收支的任务处记录财务收支实际情况，收入用"+金额"表示，支出用"-金额"表示。

3. 运营情况记录表2由销售总监、生产总监、采购总监使用，分别记录产品、在制品、原料的收支情况。

第五年订单登记表

订单登记表

市场							
产品							
数量							
交货期							
应收款账期							
销售额							
成本							
毛利							

第五年产品核算统计表

产品核算统计表

	P1	P2	P3	P4	P5	合计
数量						
销售额						
成本						
毛利						

第五年财务三表

综合费用表

项目	金额
管理费	
广告费	
设备维护费	
转产费	
厂房租金	
新市场开拓	
产品研发	
ISO资格认证	
信息费	
其他	
合计	

利润表

项目	金额
销售收入	
直接成本	
毛利	
综合费用	
折旧前利润	
折旧	
支付利息前利润	
财务费用	
税前利润	
所得税	
年度净利润	

资产负债表

项目	金额	项目	金额
现金		长期负债	
应收款		短期负债	
在制品		应交所得税	
产成品		—	—
原材料		—	—
流动资产合计		**负债合计**	
土地和建筑		股东资本	
机器与设备		利润留存	
在建工程		年度净利	
固定资产合计		**所有者权益合计**	
资产总计		**负债和所有者权益总计**	

注：库存折价拍卖、生产线变卖、紧急采购、订单违约计入"其他"；每年经营结束请按照此表录入电子报表并提交到服务器核对。

第六年运营情况记录表1

		手工操作流程	系统操作	手工记录
年初		新年度规划会议		
		广告投放	输入广告费并确认	
		参加订货会和竞单会/登记订单	选单	
		支付应付税	系统自动	
		支付长贷利息	系统自动	
		更新长期贷款/长期贷款还款	系统自动	
		申请长期贷款	输入贷款数额并确认	
	1	季初盘点(请填余额)	产品下线,生产线完工(自动)	
	2	更新短期贷款/短期贷款还本付息	系统自动	
	3	申请短期贷款	输入贷款数额并确认	
	4	原材料入库/更新原料订单	需要确认金额	
	5	下原料订单	输入并确认	
	6	购买/租用—厂房	选择并确认,自动扣现金	
	7	更新生产/完工入库	系统自动	
	8	新建/在建/转产/变卖—生产线	选择并确认	
	9	紧急采购(随时进行)	随时进行输入并确认	
	10	开始下一批生产	选择并确认	
	11	更新应收款/应收款收现	需要输入到期金额	
	12	按订单交货	选择交货订单并确认	
	13	产品研发投资	选择并确认	
	14	厂房—出售(买转租)/退租/租转买	选择并确认,自动转应收款	
	15	新市场开拓/ISO资格投资	仅第四季允许操作	
	16	支付管理费/更新厂房租金	系统自动	
	17	出售库存	输入并确认(随时进行)	
	18	厂房贴现	随时进行	
	19	应收款贴现/信息费	输入并确认(随时进行)	
	20	季末收入合计		
	21	季末支出合计		
	22	季末数额对账[(1)+(20)-(21)]		
年末		缴纳违约订单罚款	系统自动	
		支付设备维护费	系统自动	
		计提折旧	系统自动	( )
		新市场/ISO资格换证	系统自动	
		结账		

第六年运营情况记录表2

任务清单		生产要素(P1/P2)							
		一季度		二季度		三季度		四季度	
		P1	P2	P1	P2	P1	P2	P1	P2
1	季初产品库存/在制品/原料库存盘点数量								
2	更新贷款/还本付息								
3	申请贷款								
4	购买订购的原材料入库								
5	下原料订单								
6	更新生产/完工入库								
7	投资新生产线/生产线到位								
8	开始下一批生产								
9	更新应收款/应收款收现								
10	按订单交货								
11	产品研发投资								
12	支付行政管理费								
13	其他现金收支情况登记								
14	季末产品/在制品/原料入库合计								
15	季末产品/在制品/原料出库合计								
16	季末产品/在制品/原料库存数量								

注：1. 生产要素(P1/P2)可根据实际经营情况调整。

2. 运营情况记录表1由总经理(CEO)和财务总监(CFO)使用，每完成一项任务，总经理在对应位置画"√"，监控企业整体运营情况；财务总监在涉及财务收支的任务处记录财务收支实际情况，收入用"+金额"表示，支出用"-金额"表示。

3. 运营情况记录表2由销售总监、生产总监、采购总监使用，分别记录产品、在制品、原料的收支情况。

第六年订单登记表

订单登记表

市场					
产品					
数量					
交货期					
应收款账期					
销售额					
成本					
毛利					

第六年产品核算统计表

产品核算统计表

	P1	P2	P3	P4	P5	合计
数量						
销售额						
成本						
毛利						

第六年财务三表

综合费用表

项目	金额
管理费	
广告费	
设备维护费	
转产费	
厂房租金	
新市场开拓	
产品研发	
ISO资格认证	
信息费	
其他	
合计	

利润表

项目	金额
销售收入	
直接成本	
毛利	
综合费用	
折旧前利润	
折旧	
支付利息前利润	
财务费用	
税前利润	
所得税	
年度净利润	

资产负债表

项目	金额	项目	金额
现金		长期负债	
应收款		短期负债	
在制品		应交所得税	
产成品		—	—
原材料		—	—
流动资产合计		**负债合计**	
土地和建筑		股东资本	
机器与设备		利润留存	
在建工程		年度净利	
固定资产合计		**所有者权益合计**	
资产总计		**负债和所有者权益总计**	

注:库存折价拍卖、生产线变卖、紧急采购、订单违约计入"其他";每年经营结束请按照此表录入电子报表并提交到服务器核对。